JOHANNES VOM KREUZ

DIE DUNKLE NACHT

UND

DIE GEDICHTE

JOHANNES VERLAG EINSIEDELN

«Die dunkle Nacht» wurde für die 2. Auflage übertragen von
Hans Urs von Balthasar,
die Gedichte von Cornelia Capol und
durchgesehen von H. Leopold Davi

8. Auflage 2024

Druck: Pustet, Regensburg
ISBN 978 3 89411 149 6

INHALT

Vorwort 9

DIE DUNKLE NACHT

Vorbemerkung 17
Gesänge der Seele 19
Beginn der Erklärung der Strophen über das Verhalten der Seele auf dem Weg der Liebeseinigung mit Gott 21

ERSTES BUCH

Die dunkle Nacht der Sinne

1. Strophe 23
Erklärung 23
1. Beginn der Abhandlung über die Unvollkommenheiten der Anfänger 24
2. Einige geistliche Unvollkommenheiten, welche Anfängern bezüglich des Stolzes anhaften 26
3. Unvollkommenheiten, die etliche Anfänger bezüglich des zweiten Hauptlasters, der geistlichen Habsucht, zu haben pflegen 30
4. Andere Unvollkommenheiten, wie sie die Anfänger bezüglich des dritten Hauptlasters, der Unkeuschheit, zu haben pflegen 32
5. Unvollkommenheiten der Anfänger betreffs der Hauptsünde des Zornes 36
6. Unvollkommenheiten bezüglich der geistlichen Genußsucht 37
7. Unvollkommenheiten betreffs Neid und geistliche Trägheit 41
8. Erklärung des ersten Verses der ersten Strophe und Beginn der Abhandlung über die dunkle Nacht 44
9. Zeichen, woran man erkennen kann, daß ein geistlicher Mensch auf dem Weg dieser Nacht und sinnlicher Läuterung wandelt 46
10. Wie man sich in dieser dunklen Nacht zu verhalten hat . . 51
11. Deutung dreier Verse der Strophe 54
12. Von den Vorzügen der sinnlichen Nacht 58
13. Weitere Vorzüge, die die Nacht der Sinne in der Seele erzeugt 63
14. Deutung des letzten Verses der ersten Strophe 69

ZWEITES BUCH

Die dunkle Nacht des Geistes

1. Beginn der Abhandlung über die dunkle Nacht des Geistes. Zeit ihres Beginns 73
2. Einige Unvollkommenheiten der Fortschreitenden 75
3. Anmerkung für das folgende 77
4. Die erste Strophe wird wiederholt und erklärt 79
5. Beginn der Erklärung, inwiefern die dunkle Beschauung für die Seele nicht bloß Nacht, sondern Pein und Qual ist . . 81
6. Andere Arten der Pein, die die Seele in dieser Nacht erduldet 84
7. Fortsetzung desselben. Andere Leiden und Bedrängnisse des Willens 88
8. Von andern Qualen der Seele in diesem Zustand 94
9. Diese Nacht verdunkelt den Geist zwar, aber um ihn zu erhellen und ihm Licht zu spenden 97
10. Gründliche Erklärung dieser innern Läuterung durch einen Vergleich 104
11. Beginn der Erklärung des zweiten Verses der ersten Strophe: wie die heftige Leidenschaft der göttlichen Liebe Frucht der schweren Bedrängnisse ist 108
12. Inwiefern diese erschreckende Nacht ein Fegfeuer ist, und die göttliche Weisheit die Menschen auf Erden auf gleiche Weise reinigt und erleuchtet wie die Engel des Himmels 111
13. Andere beseligende Wirkungen der dunklen Nacht der Beschauung 115
14. Aufführung und Erklärung der drei letzten Verse der ersten Strophe 121
15. Die zweite Strophe und ihre Deutung 122
16. Erklärung, weshalb die Seele im Dunkel ungefährdet wandelt 123
17. Erklärungen, inwiefern diese dunkle Beschauung «geheim» ist 131
18. Erklärung, wie diese verborgene Weisheit auch eine Leiter ist 135
19. Erklärung der zehn Sprossen der mystischen Leiter der Gottesliebe nach Bernhard und Thomas. Die fünf ersten Sprossen 138
20. Die fünf übrigen Sprossen der Liebe 142
21. Erklärung des Wortes «vermummt». Über die Farben der Vermummung in dieser Nacht 146

22. Erklärung des dritten Verses der zweiten Strophe 151
23. Erklärung des vierten Verses. Welch wunderbares Versteck die Seele in dieser Nacht fand, und wie der Teufel, der zu andern hoch Entrückten vordringt, in dieser keinen Zutritt hat 152
24. Schluß der Erklärung der zweiten Strophe 158
25. Erklärung der dritten Strophe 160

DIE GEDICHTE

Spanisch und deutsch

I DIE DUNKLE NACHT
Gesänge der Seele, die sich freut, auf dem Weg der Entäußerung den hohen Stand der Vollkommenheit, die Einigung mit Gott erreicht zu haben 165
II GEISTLICHER GESANG
Wechselgesang zwischen der Seele und ihrem Bräutigam 169
III LEBENDIGE LIEBESFLAMME
Gesänge der Seele in der Einigung mit der göttlichen Liebe 185
IV STROPHEN ZU EINER ENTRÜCKUNG HOHER BESCHAUUNG . . 187
V LIEDER DER SEELE, DIE NACH DER GOTTESSCHAU STREBT . . 193
VI ANDERE INS GEISTLICHE ÜBERTRAGENE LIEDER 199
VII GEISTLICHE HIRTENLIEDER ÜBER CHRISTUS UND DIE SEELE 203
VIII LIED DER SEELE, DIE SICH DER GOTTESERKENNTNIS IM GLAUBEN ERFREUT 205
IX 1. ROMANZE. Über das Evangelium «In principio erat Verbum». Die heiligste Dreifaltigkeit 209
X 2. ROMANZE. Der Austausch der drei Personen 213
XI 3. ROMANZE. Über die Schöpfung 217
XII 4. ROMANZE. Fortsetzung 219
XIII 5. ROMANZE. Fortsetzung 225
XIV 6. ROMANZE. Fortsetzung 229
XV 7. ROMANZE. Fortsetzung. Die Menschwerdung 231
XVI 8. ROMANZE. Fortsetzung 235
XVII 9. ROMANZE. Von der Geburt Christi 237
XVIII ROMANZE ÜBER DEN PSALM «SUPER FLUMINA BABYLONIS» 239
XIX INS GEISTLICHE ÜBERTRAGENE GLOSA (I) 245
XX INS GEISTLICHE ÜBERTRAGENE GLOSA (II) 247
XXI VOM GÖTTLICHEN WORT... 253
XXII HÖCHSTE VOLLENDUNG 255

VORWORT

Der «Dunklen Nacht» und den Gedichten, die hier in neuer Übertragung vorgelegt werden, seien nur wenige Worte der Erläuterung vorangestellt. Auf eine Biographie des Heiligen muß verzichtet werden, eine Skizze derselben findet sich in der Einleitung zum ersten Band dieser Ausgabe.

Die Gedichte *enthalten die höchsten und kühnsten Aussagen des Kirchenlehrers; er selbst ist sich bewußt, daß seine Kommentare in Prosa deren gedrängte Fülle nicht auszuschöpfen vermögen*[1]. *Sie gelten nicht nur als einzigartige mystische Dokumente christlicher Mystik, sondern auch als ein unbestrittener Höhepunkt spanischer Dichtkunst. Oftmals wurde versucht, sie in deutschen gereimten Nachdichtungen wiederzugeben, doch immer auf Kosten der Exaktheit und der ihnen eigentümlichen Dichte. So schien es angemessen, diesmal neben das spanische Original eine möglichst wortgetreue deutsche Prosa zu setzen.*

Die Dunkle Nacht *gibt viele Probleme auf, die hier nicht hinreichend behandelt werden können. Sie gehört augenscheinlich mit dem ersten Werk, der* Subida *zusammen, da sie, wie diese, die beiden ersten Strophen desselben Gedichts kommentiert (die* Dunkle Nacht *tut es zweimal, einmal bezüglich der sinnlichen, einmal der geistigen Nacht), um dann unvollendet abzubrechen. Wie die* Subida *Fragment bleibt, so auch die* Dunkle Nacht; *man weiß nicht, ob die Folge verloren ist oder nie geschrieben wurde. Das letzte erscheint wahrscheinlicher, denn die zweite, die geistige Nacht, die hier geschildert wird, beginnt mit der Schilderung ihrer abgründigen Schrecken, sie ist* «horrenda, terrible, espantable», *weil sie den menschlichen Geist unbarmherzig im Innersten ausfegt und zu Gott hin umgestaltet; aber – so schildert sie Juan – das göttliche Liebesfeuer, das in der Seele tobt und zunächst als solches nicht erkannt werden kann, macht sich mit fortschreitender Läuterung allmählich in seiner «zarten» Wesentlichkeit fühlbar: die Nacht lichtet sich,*

[1] Dazu und zur ganzen sanjuanistischen Mystik vgl. meine Ausführungen in «Herrlichkeit» II/2 (3. Aufl. 1984, Johannes Verlag Einsiedeln) 465–551.

das Feuer, das geradezu als höllisch empfunden wurde, entzündet die Substanz der Seele und enthüllt sich als das Feuer himmlischer Liebe. Dort, wo das Manuskript abbricht, ist diese Verwandlung im wesentlichen erreicht; der Autor sagt uns II, 22, 2: «Das Wichtigste, weshalb ich diese Aufgabe vor allem unternahm, ist bereits einigermaßen erreicht...»; was er in der Erklärung der 3. bis 8. Strophe hätte entwickeln können, müßte hinüberzeigen in den Bereich der beiden späteren Werke, des Cantico und der Llama.

Die Dunkle Nacht ist aber noch in einem tieferen Sinn Fragment, das immer im Zusammenhang mit dem Gesamtwerk (einschließlich der Briefe und der geistlichen Weisungen) gelesen und gedeutet werden sollte. Nur so zerstreuen sich die Bedenken und Perplexitäten, vor die manche Einzelausführungen, vor allem aber die Dunkle Nacht als ganze stellen: wie ist der Abstand zwischen der offensichtlich tief-christlichen Erfahrung Juans und der Einkleidung in ein letztlich neuplatonisches Schema zu erklären? Um gleich auf die zentrale Schwierigkeit einzugehen: die «Dunkle Nacht» zuerst der Sinne (Trockenheit, Entziehung jedes Geschmacks an geistlichen Dingen), dann tiefer und wesentlicher des Geistes mit der Sinnlichkeit zusammen (Gefühl des vollkommenen Verlustes Gottes) hat für jene, die sie durchmachen, gewiß auch einen läuternd erzieherischen Sinn, aber christlich gesehen muß ihr zentraler Sinn unbedingt primär in einer Nachfolge Christi liegen, die diesen Kreuzweg nicht nur privat für den Erleidenden, sondern kirchlich für die zu erlösende Menschheit sinnvoll und fruchtbar werden läßt. Nun aber sagt Juan in der Dunklen Nacht über diesen christlichen Sinn kein Wort; im Gegenteil: der den zweiten Teil tragende Gedanke ist, wie angedeutet, der, daß der zunächst höllische Charakter der Geistesnacht allmählich auf ihren himmlischen Sinn hin transparent wird und sich aufhellt. Die Gegengewichte der Subida fehlen, wo II 7 gesagt wird, Fortschritte gebe es nur in der Nachfolge Christi, der gerade im Tod «auch seelisch wie zernichtet war (aniquidado), ohne irgendeinen Trost noch irgendeine Hilfe» und deshalb mit dem Ruf der Gottverlassenheit starb, wo I 13 der Weg der vollen Entsagung, «der vollkommenen Armut in allen Dingen dieser Welt», des Nada als «zuständlicher Wunsch, Christus in allem nachzu-

ahmen», beschrieben wird, wo besonders II 22 der göttliche Vater seinen gekreuzigten Sohn der Welt zeigt als das unübersteigbare, abschließende Wort, in dem Gott alles ausgesagt hat. In den Briefen (9 und 10) stehen entsprechende und ergänzende Worte, und die einzige Zeichnung, die wir von Juan besitzen, das von oben gesehene, schwindelerregend in die tiefe Nacht abstürzende Kruzifix, zeigt, was ihn im tiefsten bewegte. Dennoch kommt in der Dunklen Nacht *der Name Christi nur am Schluß und ganz nebenher vor; alles ist gemäß dem subjektiven neuplatonischen Stufenschema (Weg der Reinigung, der Erleuchtung, der Einigung) disponiert. Hinsichtlich der begrifflichen Einkleidung und Formulierung ist Juans Werk der Vergangenheit zugewendet; seine Ahnen sind Evagrius, Dionysius (den er mit der zentralen Formel des «Strahls der Finsternis» anführt), Eckhart, Tauler, Ruysbroeck, Herp, Hilton, Balma, Osuna, Laredo. Tauler dürfte der wichtigste sein. Was Juan an überlieferter Mystologie im einzelnen gelesen hat, ist schwer auszumachen*[2]*, aber daß er in ihrem Fluß mitgetrieben wird, ist unbestreitbar.*

Man ist zwar gewiß befugt, die Linien der Nacht-Mystik Juans christologisch-marianisch und kirchlich auszuziehen, wie dies Oda Schneider in der Einleitung zur Subida *getan hat, wird sich aber bewußt sein, daß diese Fülle nicht aus der* Dunklen Nacht *ausgehoben werden kann. Hier geht es, fast eigensinnig, lediglich um die Läuterung der Seele von allem Geschöpflichen auf den absoluten und in nichts Weltliches einfangbaren Gott hin. Auch dieser Radikalismus könnte zunächst christlich gefährlich erscheinen: ist es denn wahr, daß alle geschöpflichen sinnlichen und geistigen Kräfte des Menschen «stillgelegt», ihres eigenen Wirkens entledigt werden müssen, damit Gott der innersten Substanz des Menschen so fühlbar werden kann, wie er ist? Juan rechtfertigt diese Sentenz immer wieder mit dem alten philosophischen Satz, daß alles Empfangene nach der Weise des Empfängers empfangen wird, daß somit auch Gottes Offenbarung vom Menschen zunächst auf geschöpfliche, nicht*

[2] Vgl. die kenntnisreichen Untersuchungen von Jean Orcibal, Saint Jean de la Croix et les mystiques rhéno-flamands (Desclée de Brouwer 1966).

göttliche Weise entgegengenommen und verstanden wird, es also eines allergründlichsten «Absterbens» der Naturvermögen bedarf, damit ihnen der göttliche Sinn der Offenbarung – auch etwa der Worte und Taten Christi – aufleuchten kann[3]. *Man wird dem Heiligen die radikale Interpretation dieses Grundsatzes keinesfalls streitig machen, aber dabei zweierlei bedenken: daß der «reine Glaube», den er erstrebt (das Wort war auch dem heidnischen Neuplatonismus bekannt), grundlegend mit dem «Sterben mit Christus in der Taufe» zur Norm jedes christlichen Lebens wird, daß er anderseits wiederholt beteuert, die wirkliche Erfahrung der* Dunklen Nacht des Geistes *sei nur ganz wenigen, die Gott eigens dazu erwählt, vorbehalten, diese von ihm geschilderte Erfahrung also keinesfalls als solche für alle Christen als normativ gelten kann. Daran wird ersichtlich, wie gründlich und naiv alle jene Juan mißverstehen, die sich (etwa durch Zen- oder Yoga-Übungen) in die Nächte Juans eindrängen und einüben zu können wähnen: es liegt ein Abgrund zwischen ihrer «gegenstandslosen Meditation» und den passiven (zu höllischen Erfahrungen führenden) Läuterungen des christlichen Mystikers durch die göttliche Liebesgnade.*

Die Terminologie, in der die Stillegung der natürlichen Fähigkeiten zwecks ihrem Verfügbarwerden für die «Erfahrung» Gottes geschildert wird, ist glaubhaft und tragbar, wenn die «Vergeistigung», von der die Rede ist, nicht eine Aufhebung der natürlichen Sinnlichkeit meint (und Juan meint sie wirklich nicht), sondern eine Zubereitung des ganzen leib-seelischen Menschen für das Leben in Gott, die Geistliche Liebesflamme *wird sagen: für die Einwohnung des Menschen im dreieinigen göttlichen Leben. Die drastisch realistischen Schilderungen des ersten Teils, die geistlichen Unvollkommenheiten der Anfänger betreffend, tun ein übriges, um die Notwendigkeit der geschilderten Reinigung – in welcher Form Gott sie auch vornehmen mag – zu erhärten.*

Aber dicht neben dieser richtig durchgezogenen Linie läuft eine andere, von der man sich fragt, wie sie letztlich mit der Inkarnation des Wortes Gottes vereinbar ist. Es geht um die vor allem in

[3] Vgl. Lucien-Marie de St. Joseph, St. Jean de la Croix, in: Dict. de Spir. VIII (1974), bes. 431 ff: «caractère christologique».

der Subida *verkündete, in der* Noche *weitergeführte Lehre, daß alle sinnlichen wie geistigen Bilder und Vorstellungen über Gott – selbst wenn sie von Gott vorgestellt würden – abzuweisen seien, da die Seele nur nach der vollkommenen Stillegung ihrer Vermögen ihr Haus – sich selbst – auf der «geheimen Leiter» verlassen kann. Liegt hier nicht eine (neuplatonische) Unterschätzung sowohl der Sinnlichkeit wie des Begriffsvermögens vor, die mit dem Abstieg Gottes in die Menschennatur kaum vereinbar ist? Wenn Gott den Propheten und dem Seher der Apokalypse himmlische Wahrheit in sinnlichen Bildern vorführen wollte, hätte Juan ein analoges göttliches Angebot von sich weisen dürfen? Kann nach der Inkarnation überhaupt noch aufrecht erhalten werden, daß «rein geistige» Visionen oder Erfahrungen höher stehen als solche mit einer sinnlichen Basis – ein neuplatonisches Axiom, das die ganze christliche Mystik des Mittelalters rezipiert hat? Und wird diese spiritualistische Tendenz nicht schon durch Juans nie verleugneten Hang zur Poesie widerlegt, zum sinnlichen Bild als symbolischem Träger auch noch höchster mystischer Erfahrungen und Erkenntnisse? Er ist mit Recht als der Ästhet unter den Mystikern bezeichnet worden, und seine Dichtung ist der Bibel wie der höfisch gelehrten Poesie wie der naiven Volkskunst gleichsehr verpflichtet[4]. Man darf deshalb Juans Invektiven nicht als die eines Ikonoklasten lesen, sondern als die Verkündigung eines, der von Gott so besessen ist, daß er mit Paulus alles übrige «als Kot» erachtet (Phil 3,7), was den Apostel nicht hinderte, seine Mitmenschen, ja den ganzen in Geburtswehen liegenden Kosmos in Gott und mit Gott zu lieben. Es gibt analoge Zeugnisse der Liebe Juans zu seinen Mitmenschen (etwa seiner zärtlichen Liebe zu seinem ältern Bruder), ja zur ganzen natürlichen Welt, die nach seinem Wort der in Gott Arm-Gewordene am besten besitzt. Aber um solche Liebe zu gewinnen, müssen alle, auch die unbewußtesten Fäden der Begierlichkeit durchschnitten werden: wer in Gott völlig frei ist, kann sich mit Gott in göttlicher Freiheit der Welt zuwenden und sich mit ihm an sie verschwenden.*

[4] Dazu Max Milner, Poésie et vie mystique chez S. Jean de la Croix (Seuil 1951), sowie «Herrlichkeit» II/2, 467 Anm., und 480–551: «Das Paradox der mystischen Poesie».

Für die vorliegende dritte Auflage hat Frau Professor Dr. Erika Lorenz (Hamburg) eine Anzahl Verbesserungen in der Übertragung der Gedichte vorgeschlagen, für die ihr herzlich gedankt sei.

Hans Urs von Balthasar

DIE DUNKLE NACHT

Erklärung der Strophen, die zeigen, wie die Seele auf dem geistlichen Weg zur vollkommenen Liebeseinigung mit Gott gelangt, soweit sie hienieden möglich ist. Nach denselben Strophen werden die Eigenschaften des zu dieser Vollkommenheit Gelangten dargelegt.

VORBEMERKUNG

Das Buch legt zuerst alle zu erklärenden Strophen vor. Dann wird jede für sich erklärt, indem die Strophe selbst an den Anfang gesetzt wird; anschließend wird jeder einzelne Vers erläutert, der jeweils vorangestellt wird. In den zwei ersten Strophen werden die Wirkungen der beiden geistlichen Läuterungen geschildert: die des sinnlichen und die des geistlichen Teils des Menschen. Die sechs übrigen Strophen schildern die verschiedenen wundersamen Wirkungen der geistlichen Erleuchtung und der Liebeseinigung mit Gott.

GESÄNGE DER SEELE

1 In einer dunklen Nacht,
entflammt von Liebessehnen,
o seliges Geschick!
entfloh ich unbemerkt,
da nun mein Haus in Ruhe lag.

2 In Dunkelheit und ungefährdet,
auf geheimer Leiter, vermummt,
o seliges Geschick!
in Dunkelheit und im verborgnen,
da nun mein Haus in Ruhe lag.

3 In der seligen Nacht,
insgeheim, so daß mich keiner sah,
und ich selber nichts gewahrte,
ohne anderes Licht und Geleit
außer dem, das in meinem Herzen brannte.

4 Dieses führte mich
sicherer als das Mittagslicht
dorthin, wo meiner harrte
der mir wohl Vertraute,
an den Ort, wo niemand sonst sich zeigte.

5 O Nacht, die mich lenkte!
O Nacht, holder als das Frührot!
O Nacht, die den Geliebten
mit der Geliebten vereinte,
die Geliebte in den Geliebten wandelte.

6 An meiner blühenden Brust,
die für ihn sich ganz bewahrte,
dort schlief er ein,
und war zärtlich zu ihm,
und die Zedern fächelten im Wind.

7 Der Windhauch von der Zinne
– als er nun sein Haar ausbreitete –
mit seiner leichten Hand
berührte er meinen Hals
und machte alle meine Sinne schwinden.

8 So blieb ich und vergaß mich selbst,
neigte das Antlitz über den Geliebten.
Alles erlosch, ich gab mich auf,
ließ meine Sorge fahren,
vergessen unter Lilien.

Beginn der Erklärung der Strophen über das Verhalten der Seele auf dem Weg der Liebeseinigung mit Gott

Bevor wir in die Erklärung dieser Strophen eintreten, sollte man sich vor Augen halten, daß die Seele, die sie vorträgt, schon zur Vollkommenheit, zur Liebeseinigung mit Gott, gelangt ist. Sie hat die herben Mühsale und Bedrängnisse während der geistlichen Einübung auf jenem engen Weg zum ewigen Leben bereits hinter sich, von dem unser Erlöser im Evangelium spricht, und den die Seele für gewöhnlich durchschreitet, um zur hohen und seligen Einigung mit Gott zu gelangen. Da dieser Weg so eng ist und nur wenige ihn einschlagen (wie der Herr selber sagt Mt 7,14), hält es die Seele für ein großes Glück, darauf zur seligen Liebeseinigung gelangt zu sein, die sie in der ersten Strophe besingt. Mit Recht nennt sie, wie aus der Erklärung der Verse dieser Strophe hervorgeht, den schmalen Weg eine dunkle Nacht. Glücklich also, diesen engen Weg, der ihr so viel Gutes einbrachte, durchwandert zu haben, spricht die Seele das nun Folgende:

I. BUCH

DIE DUNKLE NACHT DER SINNE

ERSTE STROPHE

In einer dunklen Nacht,
entflammt von Liebessehnen,
O seliges Geschick!
entfloh ich unbemerkt,
da nun mein Haus in Ruhe lag.

ERKLÄRUNG

In dieser ersten Strophe erklärt die Seele, wie sie ihren Anhänglichkeiten an sich selbst und an alle Dinge entronnen, durch echte Abtötung sich und allem Geschaffenen gestorben ist, um zum köstlichen Leben der Liebe mit Gott zu gelangen. Dieser Auszug aus allen Dingen, sagt sie, sei «eine dunkle Nacht» gewesen; sie meint damit, wie später erklärt werden wird, die reinigende Beschauung, die passiv in der Seele die besagte Lösung von sich selbst und von allem erwirkt.

Dieses Entfliehen habe sie mit der Kraft und Beherztheit, die ihr in der dunklen Beschauung der Liebe zu ihrem Bräutigam verlieh, ausführen können; sie hebt dabei den glücklichen Umstand hervor, daß auf dem Weg durch die Nacht zu Gott keiner der drei Feinde – Dämon, Welt und Fleisch –, die immerfort diesen Weg erschweren, sie habe aufhalten können. Denn die Nacht der läuternden Beschauung habe im Haus ihrer Sinnlichkeit alle widerstrebenden

Leidenschaften und Begierden eingeschläfert und sie ihres Wirkens beraubt. So spricht sie den Vers:

In einer dunklen Nacht.

I. KAPITEL
BEGINN DER ABHANDLUNG ÜBER DIE UNVOLLKOMMENHEITEN DER ANFÄNGER

In die dunkle Nacht beginnen die Seelen dann einzutreten, wenn Gott sie aus dem Zustand der Anfänger, die noch der diskursiven Betrachtung obliegen, herausführt und sie allmählich in den Zustand der Fortschreitenden versetzt, der Beschaulichen nämlich. Wenn sie diesen Zustand durchschritten haben, gelangen sie in den Zustand der Vollkommenen, der göttlichen Einigung der Seele mit Gott. Um nun aber besser das Wesen der Nacht zu verstehen, durch die die Seele hindurch muß, und weshalb Gott sie in diese versetzt, ist es angebracht, zunächst ein paar Eigenheiten der Anfänger zu betrachten – was in aller Kürze geschehen soll, ihnen aber nützlich sein wird –, damit sie, die Schwächen ihres Zustands erkennend, sich aufraffen und danach verlangen, von Gott in diese Nacht versetzt zu werden, in der man erstarkt, in Tugend gefestigt wird und zum Verkosten der unschätzbaren Wonnen der Gottesliebe gelangt. Wenn wir hier ein wenig verweilen, so doch nicht länger als es zum Übergang in die Behandlung der dunklen Nacht unerläßlich ist.

Wenn eine Seele sich mit Entschiedenheit dem Dienst Gottes zuwendet, pflegt Gott sie zumeist geistlich zu umsorgen wie eine liebende Mutter ihr zartes Kind: sie wärmt es an ihrer Brust, nährt es mit süßer Milch, trägt es auf ihren Armen und herzt es. Im Maße es aber heranwächst, entzieht ihm die Mutter diese Art ihrer Pflege, entzieht ihm ihre Zärtlichkeit, bestreicht die süße Brust mit Bitterem, läßt es von den Armen herab, um es auf eigenen Füßen stehen zu lassen, damit es die Art des Säuglings ablege und sich Wesentlicherem zuwende. Nicht anders verhält sich die Gnade Gottes, diese liebende Mutter, sobald eine Seele zu neuem Eifer im Dienste Gottes wiedergeboren wird. In allen göttlichen Dingen läßt sie die Seele mühelos wohlschmeckende geistliche Milch und vielen Trost in geistlichen Übungen finden; Gott reicht ihr, wie einem zarten Kind, die Brust seiner zärtlichen Liebe.

So findet diese es wonnig, lange Zeiten, ja ganze Nächte im Gebet zu verbringen, Bußübungen sind ihr ein Vergnügen, Fasten eine Freude, Sakramentenempfang und Gespräche über Gott ein Trost. Obschon nun solche sehr entschieden und beharrlich und mit großer Sorgfalt alle diese Dinge verwenden, so legen sie dabei doch, geistlich gesprochen, mancherlei Schwäche und Unvollkommenheit an den Tag. Denn da sie in ihren geistlichen Übungen vom Maß des erhaltenen Trostes und Geschmackes bestimmt werden, somit für den harten Kampf um die Tugend noch unerprobt sind, begehen sie in ihrem Tun vielerlei Fehler. Denn schließlich wirkt jeder Mensch gemäß dem Habitus an Vollkommenheit, den er sich erworben hat. Da jene aber noch keine Gelegenheit hatten, sich einen festen Habitus zu erwerben, können sie nicht anders denn kindlich und schwächlich handeln.

Damit deutlicher werde, wie unvollkommen diese Anfänger sind, die im besagten Trost und Geschmack wandeln, wollen wir im folgenden nach den sieben Hauptsünden vorangehen und bei jeder einige der zahlreichen Fehler anführen, die jene begehen. Dann wird klar werden, wie sehr sie sich in all ihrem Tun noch als Kinder benehmen, und gleichzeitig, welche Vorteile die dunkle Nacht, von der wir anschließend handeln werden, mit sich bringt, da sie die Seele von all diesen Unvollkommenheiten säubert.

2. KAPITEL
EINIGE GEISTLICHE UNVOLLKOMMENHEITEN, WELCHE ANFÄNGERN BEZÜGLICH DES STOLZES ANHAFTEN

Wenn Anfänger sich bei geistlichen Übungen und in Andachtsübungen so voll Eifer sehen, erwacht in ihnen ob ihrer Unvollkommenheit oft genug eine Regung geheimen Hochmuts, obgleich doch die heiligen Dinge sie an sich demütigen sollten. Sie finden ein bestimmtes Wohlgefallen an ihren Leistungen und an sich selber. Daraus erwächst in ihnen auch ein gewisses eitles, nicht selten sehr eitles Verlangen, vor anderen über geistliche Dinge zu reden. Zuweilen möchten sie, statt selber zu lernen, die andern belehren, sie mißbilligen sie innerlich, wenn diese ihre eigene Art der Frömmigkeit nicht anerkennen; öfter reden sie darüber auch wie der Pharisäer, der sich vor Gott seiner Werke wegen brüstete und dabei den Zöllner verachtete (Lk 18, 11–12).

Und oft genug facht der Teufel in ihnen den Eifer und Neigung für irgendein Werk an, wenn er sieht, daß ihr Hochmut und ihre Anmaßung dabei wächst. Denn er weiß sehr wohl, daß alle diese Werke und Tugenden, die sie pflegen, für sie nicht bloß nutzlos sind, vielmehr sich in ihnen in Laster verwandeln. Etliche treiben es gar so weit, niemanden außer sich selbst für gut zu erachten und folglich, wo Gelegenheit sich bietet, die anderen in Worten und Benehmen zu mißbilligen und zu verleumden. Sie sehen den Splitter im Auge des Bruders und den Balken im eigenen nicht; bei andern seihen sie Mücken, und selber verschlucken sie das Kamel (Mt 7,3–4; 23,24).

Wenn aber ihre geistlichen Leiter, ihre Beichtväter oder Obern ihren Geist und ihr Verhalten nicht billigen, dünkt sie (da sie in ihrem Vorgehen gelobt und geschätzt sein möchten), daß diese ihren Geist nicht verstehen oder selber keine geistlichen Menschen sind, weil sie nicht gutheißen und nachgeben. Deshalb fordern sie und verschaffen sich bald eine Aussprache mit einem andern, der ihnen behagt. Denn gewöhnlich wollen sie sich über ihren Geist nur mit solchen aussprechen, die ihrer Meinung sind, sie loben und schätzen, meiden dagegen jene wie den Tod, die ihre Einbildungen zunichte machen, um sie auf den rechten Weg zu bringen; manchmal hassen sie sie geradezu. In ihrer Überheblichkeit pflegen sie sich vieles vorzunehmen, leisten aber wenig. Sie möchten mitunter, daß andere ihre Glut und ihre Frömmigkeit wahrnehmen und ergehen sich deshalb in sichtbaren Regungen, Liebesseufzern und anderen Förmlichkeiten; sie fallen in Verzückungen, und zwar mehr in der Öffentlichkeit als im Verborgenen, wobei ihnen der Teufel zu Hilfe kommt; es gefällt ihnen sehr, wenn so außergewöhnliche Zustände von andern wahrgenommen werden.

4 Viele wünschen bei ihren Beichtvätern in Gunst zu stehen, woraus tausend Eifersüchteleien und Beunruhigungen entspringen. Sie schämen sich, ihre Sünden klar herauszusagen, damit der Beichtvater sie nicht geringer schätze, und färben ihre Sünden, um nicht allzu schlecht dazustehen, sie entschuldigen sich deshalb mehr, als daß sie sich anklagen. Andere Male suchen sie einen fremden Beichtvater auf, dem sie das Schlimme bekennen, damit der gewohnte meine, sie hätten nichts Böses, bloß Gutes getan. Diesem erzählen sie gern das Gute, mitunter in solchen Ausdrücken, daß sie eher übertreiben als verkleinern, mit der Absicht, vor ihm als tugendhaft zu erscheinen. Demütiger wäre es – wie wir noch sagen werden –, sich klein zu machen und zu erstreben, daß weder er noch sonstwer einen irgendwie hochschätzt.

5 Etliche von ihnen unterschätzen das eine Mal ihre Fehler und betrüben sich ein anderes Mal übermäßig wegen ihres Falles, weil sie sich einbilden, sie sollten bereits Heilige sein. Deshalb grollen sie gegen sich und sind ungeduldig, was

wiederum eine Unvollkommenheit ist. Sie bestürmen öfters Gott, daß er ihnen ihre Unvollkommenheiten und Fehler wegnehme. Doch tun sie dies weniger um Gottes willen, als um ungestört und in Frieden zu sein. Sie bedenken nicht, daß sie noch hochmütiger und dünkelhafter wären, wenn Gott sie von diesen Mängeln befreite. Sie ertragen es nicht, wenn andere gelobt werden, wollen aber gerne selber gelobt sein und fordern das sogar heraus. Hierin gleichen sie den törichten Jungfrauen, deren Lampen leer sind und die das Öl anderswo suchen (Mt 25,8).

6 Einige fallen aus diesen Unvollkommenheiten in vielerlei andere, was sehr schädlich ist. Manche haben davon mehr, andere weniger, etliche spüren nur deren erste Regung oder wenig mehr. Doch gibt es kaum einen unter diesen Anfängern, der in der Zeit der ersten Inbrunst nicht einigen dieser Fehler verfiele. Jene aber, die zu dieser Zeit den Weg der Vervollkommnung beschreiten, verhalten sich völlig anders und befinden sich in ganz verschiedener Geistesverfassung. Sie machen Fortschritte in der Demut und geben ein gutes Beispiel, indem sie nicht nur ihr Eigenes für nichts, sondern alle übrigen für weit besser erachten; sie betrachten sie oft mit heiligem Neid, mit dem Verlangen, gleich ihnen Gott zu dienen. Je mehr Eifer sie zeigen und je mehr sie leisten und es gerne tun, desto mehr erkennen sie in ihrer Demut, wieviel sie Gott verdanken und wie gering alles ist, was sie für ihn wirken. Je mehr sie deshalb tun, um so weniger sind sie mit sich zufrieden. Denn so Hohes möchten sie aus heiliger Liebe für ihn leisten, daß alles Getane ihnen wie nichts erscheint. Ihre eifrige Liebe bedrängt, erfüllt und entzückt sie so, daß sie nicht darauf achten, was die anderen tun oder nicht tun. Und wenn sie es merken, dann glauben sie, wie gesagt, alle anderen seien besser als sie. Da sie sich selber geringschätzen, möchten sie, daß auch die übrigen sie geringschätzen und verachten. Ja wollte sie jemand loben und ehren, sie könnten dem auf

keinen Fall glauben und es käme ihnen ganz seltsam vor, daß von ihnen etwas Gutes ausgesagt werden kann.

7 Solche haben in ihrer innern Ruhe und Demut ein großes Verlangen danach, von jemand, der sie fördern kann, belehrt zu werden. Dies in völligem Gegensatz zu den Vorgenannten, die alle belehren möchten und anderen das Wort vom Mund wegnehmen, wenn man sie etwas lehren möchte, als wüßten sie alles schon. Jene sind weit entfernt, sich als Meister über jemanden zu stellen, sind vielmehr stets bereit, einen andern Weg einzuschlagen, wenn man sie dazu auffordert, denn sie denken niemals, selber das Richtige zu treffen. Sie freuen sich, wenn andere gelobt werden; nur das betrübt sie, daß sie Gott nicht so gut dienen wie jene. Sie fühlen kein Bedürfnis, von ihren Angelegenheiten zu reden, diese scheinen ihnen zu unwichtig; sie haben sogar Hemmungen, sich ihrem geistlichen Leiter zu offenbaren, denn es scheint ihnen nicht der Mühe wert, ihre Sachen ins Gespräch zu bringen. Lieber wollen sie ihre Fehler und Sünden bekennen und ziehen es vor, daß diese eher als ihre Tugenden von den anderen gekannt werden. Daher sind sie geneigt, ihr Inneres solchen darzulegen, die ihre Person nicht hoch einschätzen. Dies ist ein Zeichen ihres einfältigen, reinen und aufrichtigen Geistes, der Gott wohlgefällig ist. Und da der Geist der göttlichen Weisheit in diesen demütigen Seelen wohnt, so neigt und bewegt er sie dazu, ihre Schätze im Innern geheim zu halten, ihr Mißliches aber offen darzulegen. Den Demütigen gewährt Gott mit den übrigen Tugenden zusammen diese Gnade, während er sie den Hochmütigen verweigert.

Jene würden ihr Herzblut für jeden hergeben, der Gott dient, und aus allen Kräften dazu beitragen, daß ihm gedient werde. Fallen sie in Unvollkommenheiten, so ertragen sie sie in Demut, Sanftmut, in ehrfürchtiger Liebe zu Gott und im Vertrauen auf ihn. Aber es sind meines Wissens wenige, die von Anfang an so vollkommen wandeln, sehr wenige, und wir dürfen schon zufrieden sein, wenn sie nicht in das Entgegengesetzte fallen. Deswegen führt Gott – wie wir später zeigen werden – jene in die dunkle Nacht, die er von all diesen Fehlern reinigen will, um sie weiter zu fördern.

3. KAPITEL
UNVOLLKOMMENHEITEN, DIE ETLICHE ANFÄNGER BEZÜGLICH DES ZWEITEN HAUPTLASTERS, DER GEISTLICHEN HABSUCHT, ZU HABEN PFLEGEN

1 Viele dieser Anfänger erliegen zuweilen auch allzusehr der geistlichen Habsucht. Selten sieht man sie zufrieden in der Seelenverfassung, die Gott ihnen gibt; sie gehen trostlos und mißvergnügt einher, weil sie im Geistlichen nicht den gewünschten Geschmack finden. Manche können sich im Anhören von geistlichem Rat und Belehrung nicht genugtun, sie häufen sich viele Bücher auf und lesen die entsprechenden Abhandlungen und verlieren damit mehr Zeit, als sie zum Erwerb von Selbstverleugnung und der rechten innern Armut im Geist verwenden. Zudem beladen sie sich mit Heiligenbildern und kostbaren Rosenkränzen, nehmen bald dies, bald jenes zur Hand, tauschen sich etwas ein und vertauschen es wieder gegen anderes. Bald wollen sie etwas von dieser Art, bald von jener, dann hängen sie sich an ein bestimmtes Kruzifix, weil es ansehnlicher ist. Andere erblickt man mit Agnus-Dei, Reliquien, Heiligennamen behängt, wie kleine Kinder mit Spielzeug. An alldem verurteile ich nur den Besitzdrang des Herzens; das Versessensein auf Aussehen, Anzahl und Ansehnlichkeit dieser Sachen ist der Armut im Geist sehr entgegengesetzt. Diese blickt nur auf das für die Andacht Wesentliche, bedient sich dessen nur zu diesem Zweck und läßt all die Vielfalt und Kostbarkeit links liegen. Echte Andacht muß vom Herzen kommen, sie hat nur auf die Wahrheit und die Substanz der Dinge, die Geistliches darstellen, zu achten. Alles übrige ist falsche An-

hänglichkeit, ein Anzeichen von Unvollkommenheit. Wer auf welchem Wege immer zur Vollkommenheit gelangen will, muß solchem Gelüst absagen.

2 Ich habe eine Person gekannt, die über zehn Jahre ein Kreuz auf sich getragen hat, das ganz roh aus einem geweihten Zweig gefertigt und mit einer um die beiden Teile gewundenen Stecknadel zusammengefügt war. Sie hatte davon nie abgelassen und trug es bei sich, bis ich es ihr wegnahm; es war eine Person von nicht geringer Einsicht und Verstandesschärfe. Eine andere kannte ich, die sich eines Rosenkranzes bediente, dessen Perlen aus Fischgräten bestanden; die Andacht dieser Person war gewiß darob nicht geringeren Wertes vor Gott. Beide hielten offenbar nichts von der Gestalt und dem Wert ihrer Andachtsgegenstände. Alle, die von den Anfängen an auf dem rechten Weg wandeln, klammern sich nicht an solche Hilfsmittel und überladen sich nicht mit Sachen. Sie wollen auch nicht mehr wissen, als nötig ist, um recht zu handeln; sie trachten einzig danach, gut mit Gott zu stehen und ihm wohlgefällig zu sein. So geben sie großherzig alles, was sie haben, dahin; mit Freuden berauben sie sich dessen aus Liebe zu Gott und zum Nächsten, ob es sich um geistliche oder irdische Dinge handelt. Sie haben, wie gesagt, nur die innere Vervollkommnung vor Augen: Gott Freude zu machen, sich selber aber mitnichten.

3 Von diesen Mängeln aber kann sich die Seele, wie von den übrigen, sich solange nicht durchaus reinigen, als Gott sie nicht in die passive Läuterung der dunklen Nacht versetzt, von der wir im folgenden reden werden. Doch muß sie ihrerseits nach Kräften an ihrer Reinigung und Besserung mitarbeiten, um würdig zu werden, daß Gott sie in seine Zucht nimmt und sie von allem heilt, dem sie nicht selber abhelfen kann. Soviel Mühe sie sich jedoch gibt, sie kann sich aktiv nicht soweit reinigen, daß sie auch nur einiger-

maßen der vollendeten Liebeseinigung mit Gott fähig würde, wenn er sie nicht selbst in die Hand nimmt und sie im dunklen Feuer läutert, von dem die Rede sein wird.

4. KAPITEL
ANDERE UNVOLLKOMMENHEITEN, WIE SIE DIE ANFÄNGER BEZÜGLICH DES DRITTEN HAUPTLASTERS, DER UNKEUSCHHEIT, ZU HABEN PFLEGEN

1 Aus den zahlreichen andern Unvollkommenheiten, die die Anfänger bezüglich der Grundlaster haben, wähle ich der Kürze halber nur ein paar wichtigere aus, die gleichsam die Quelle der übrigen sind. Bezüglich der Unkeuschheit sehe ich vom Fall geistlicher Personen in diese Sünde ab und rede nur von den Unvollkommenheiten, die in der dunklen Nacht zu reinigen sind. Es gibt deren viele, die man als geistliche Sinnenlust bezeichnen kann, nicht weil sie unmittelbar solche wären, wohl aber weil sie sich aus geistigen Haltungen ergeben. Geschieht es doch oft, sogar bei geistlichen Übungen, daß sich unwillkürliche sinnliche Regungen und Vorgänge einstellen; zuweilen sogar, wenn der Geist in tiefem Gebet gesammelt ist oder wenn man die Sakramente der Buße und der Eucharistie empfängt. Solches geschieht – ich wiederhole es – ohne unser Zutun, und zwar aus drei möglichen Ursachen.

2 Die erste liegt darin, daß die Natur oft ein Wonnegefühl an geistlichen Dingen hat. Denn da dem Geist und der Sinnlichkeit ein Kosten zuteil wird, drängt jeder der beiden Teile des Menschen nach der ihm eigenen Befriedigung. Der Geist als der höhere Teil wird zu einem freudigen Verkosten in Gott angeregt, die Sinnlichkeit als der niedere Teil zu einem sinnlichen Vergnügen, denn anderes vermag sie nicht zu erfassen; so ergeht sie sich mehr in dem, was ihr am nächsten steht: dem zuchtlos Sinnlichen. Es kommt also

vor, daß die Seele dem Geist nach tief im Gebet vor Gott ist und sie ohne ihr Zutun in der Sinnlichkeit Empörungen, Regungen und Akte der Lust verspürt, zu ihrem Mißfallen. Dies kommt bei der hl. Kommunion oft vor, bei welchem Liebesakt der Seele ein freudiges Kosten zuteil wird, falls der Herr es verleiht (und zu diesem Zwecke schenkt er sich auch); die Sinnlichkeit nimmt sich dabei, wie gesagt, das Ihre und auf ihre Weise. Da beide Teile schließlich zusammen nur ein Wesen bilden, geschieht es gewöhnlich, daß beide Teile nach ihrer Art an dem teilnehmen, was der Mensch empfängt. Nach der Lehre der Philosophen wird jegliches Ding nach der Beschaffenheit des Empfängers aufgenommen. So nimmt in diesem Anfangszustand und auch wenn die Seele schon fortgeschrittener ist, die noch unvollkommene Sinnlichkeit das Geistige Gottes oft mangelhaft auf. Ist dieser Teil aber durch die Läuterung der dunklen Nacht gereinigt, behält er diese Schwäche nicht länger. Denn nicht er ist jetzt mehr der Empfänger, sondern er wird vom göttlichen Geist an sich gezogen und besitzt alles nach der Weise des Geistes.

3 Die zweite Ursache für solche gelegentliche Empörungen ist der Dämon; er sucht die Seele zur Zeit, da sie betet oder sich zum Gebet anschickt, zu beunruhigen, indem er in der Natur ungeordnete Regungen erweckt, und fügt ihr damit, wenn sie sich darauf einläßt, großen Schaden zu. Nicht nur läßt sie aus Angst davor vom Gebet etwas ab – worauf er ja hinaus will –, um dagegen anzukämpfen, sondern einige lassen dann das Gebet völlig fahren, in der Meinung, dergleichen stoße ihnen im Gebet häufiger zu als sonst, was durchaus wahr ist. Der Teufel fordert sie im Gebet eben mehr heraus als bei andern Beschäftigungen, damit sie diese Übung fallenlassen. Nicht nur das, er geht soweit, ihnen dabei unzüchtige Dinge lebendig vor Augen zu führen, oft in enger Verbindung mit geistlichen Dingen oder mit Personen, die ihre Seele fördern, um sie so zu er-

schrecken und einzuschüchtern. Die auf derlei eingehen, wagen dann nichts mehr anzuschauen oder sich vorzustellen, da sie überall auf solche Bilder stoßen. Bei denen, die zur Melancholie neigen, wirkt sich das so sehr aus, daß sie bemitleidenswert sind, ihr Leben ist ein trauriges; bei so Veranlagten kann die Anfechtung des Teufels solche Ausmaße annehmen, daß sie sich unzweifelhaft für besessen halten und nicht mehr frei, sich ihm zu entziehen; einzelne freilich können, wenn auch mit Mühe und Anstrengung, solche Überwältigung zurückweisen. Widerfahren solch unzüchtige Anfechtungen Melancholikern, so werden sie zumeist nicht eher davon befreit, als bis sie von ihrer Gemütsart geheilt sind oder in die dunkle Nacht eingehen, die sie allmählich vom Ganzen befreit.

4 Die dritte Ursache, von der solche schändlichen Regungen für gewöhnlich ausgehen und zum Kampf veranlassen, ist die Angst, die man im vorhinein vor unkeuschen Regungen und Vorstellungen hat. Diese Angst, die sie bei der Erinnerung an das, was sie sehen, tun und denken, plötzlich befällt, bewirkt, daß sie ohne ihre Schuld derartige Regungen erleiden.

5 Es gibt aber auch Seelen, die so empfindsam und erregbar veranlagt sind, daß sich in ihnen, sobald sie etwas Freudiges im Geist oder im Gebet erfahren, auch der Geist der Unlauterkeit regt. Ihre Sinnlichkeit ist davon so berauscht und entzückt, daß sie wie überschwemmt werden vom Anreiz dieses Lasters. Beide Erfahrungen werden gleichzeitig auf passive Weise gemacht, oft solange, daß es zu unehrbaren und unbotmäßigen Akten kommt. Das geschieht daher, daß bei diesen empfindlichen und leicht erregbaren Naturen bei jeder Empfindung die Körpersäfte und das Blut aufwallen, und dann entstehen diese Regungen. Dasselbe geschieht bei solchen Personen, wenn Zorn sie übermannt oder ein Kummer oder ein Schmerz.

6 Zuweilen erwacht bei geistlichen Personen, wenn sie über geistliche Dinge reden oder sich damit beschäftigen, eine gewisse Feurigkeit und Munterkeit beim Denken an jene, die sie vor sich haben und mit denen sie sich in einer Art von eitlem Wohlgefallen unterhalten. Auch das ist eine Ausgeburt der geistlichen Unlauterkeit, wie wir sie hier verstehen, die zumeist mit einer Zustimmung des Willens verbunden ist.

7 Einige dieser Personen gehen unter dem Vorwand des geistlichen Lebens mit andern Privatfreundschaften ein, die sehr oft nicht dem Geist, sondern der ungeordneten Sinnlichkeit entstammen. Man kann es daran ersehen, daß beim Gedanken an solche Anhänglichkeit nicht die Gottesliebe sich meldet, sondern Gewissensbisse. Ist die Freundschaft wirklich geistlich, dann wird, wenn sie sich vertieft, auch die Liebe zu Gott sich steigern, und je mehr man sich ihrer erinnert, desto mehr denkt man an Gott und findet Freude an ihm. Während die eine zunimmt, wächst auch die andere. Dem Geist Gottes ist es eigen, das eine Gut mit dem andern zusammen zu vermehren, aufgrund der Ähnlichkeit, die zwischen beiden herrscht. Entspricht aber eine solche Freundschaft dem sinnlichen Laster, dann hat sie die gegenteilige Wirkung. Je mehr die eine wächst, desto mehr wird die andere abnehmen, auch die Erinnerung daran. Wächst die sinnliche Liebe, dann läßt sich sogleich beobachten, wie die Gottesliebe erkaltet; man vergißt Gott, aber unter Gewissensbissen. Wächst im Gegenteil die Gottesliebe in der Seele, dann erkaltet in ihr die andere und sie vergißt sie. Da beide Arten der Liebe einander widersprechen, verhilft keine der andern zum Wachstum, vielmehr löscht die vorherrschende die andere aus und erstickt sie, um so, wie die Philosophen sagen, an eigener Kraft zu gewinnen. Deshalb sagt unser Herr im Evangelium: «Was vom Fleisch geboren ist, ist Fleisch, und was vom Geist geboren ist, ist Geist» (Joh 3,6). Liebe, die der Sinnlichkeit entstammt, endet im

Sinnlichen; Liebe, die aus Gott geboren ist, ist auf Gottes Geist ausgerichtet und läßt ihn in uns wachsen. Das ist der Unterschied, an dem man diese beiden Arten der Liebe unterscheiden kann.

Wenn die Seele in die dunkle Nacht eintritt, dann kommt Ordnung in diese beiden Arten der Liebe. Die eine, die gottgemäße, erstarkt und läutert sich. Die andere verliert ihre Kraft und erlischt, wie später gesagt werden wird.

5. KAPITEL
UNVOLLKOMMENHEITEN DER ANFÄNGER BETREFFS DER HAUPTSÜNDE DES ZORNES

1 Da viele Anfänger nach geistlichen Genüssen verlangen, begehen sie diesbezüglich viele Unvollkommenheiten, indem sie sich zum Zorn hinreißen lassen. Wenn sie einmal die süßen geistlichen Genüsse entbehren müssen, geraten sie außer Fassung; sie sind traurig, verdrießlich bei ihrer Arbeit und werden wegen Kleinigkeiten zornig, zuweilen benehmen sie sich ganz und gar unerträglich. Das geschieht, wenn ihnen beim Gebet fühlbare Andacht geschenkt wurde; sobald sie aber dieses Geschmackes beraubt sind, bleibt die Natur begreiflicherweise in Unlust und Mißbehagen, recht wie bei einem Kind, das man von der Mutterbrust wegnimmt, wo es sich nach Herzenslust gelabt. Solange die Natur sich vom Unlustgefühl nicht beherrschen läßt, liegt keine Sünde, nur Unvollkommenheit vor, wovon die Seele sich in der dunkeln Nacht und ihrer Trockenheit und Bedrängnis zu reinigen haben wird.

2 Einige Anfänger fallen auf andere Weise in den geistlichen Zorn. Sie erregen sich in unangebrachtem Eifer angesichts der Fehler anderer. Sie beobachten sie und fühlen sich dann bemüßigt, sie heftig zu tadeln, und sie tun das so, als

wären sie selber Meister der Tugend. All das verstößt gegen die geistliche Sanftmut.

3 Andere gibt es, die sich, der Demut ermangelnd, beim Anblick der eigenen Fehler entrüsten. Sie möchten an einem einzigen Tag heilig werden. Manche nehmen sich vieles vor und fassen großartige Vorsätze, aber weil es ihnen an Demut gebricht und sie sich selbst gegenüber nicht mißtrauisch sind, fallen sie, je mehr sie sich vornehmen, desto öfter und ärgern sich darüber. Sie haben die Geduld nicht, den Augenblick abzuwarten, da es Gott gefällt, sie zu erhören. Auch das verstößt gegen die erwähnte geistliche Sanftmut. Wirklich heilbar ist es nur durch die Läuterung der dunklen Nacht. Freilich gibt es auch einige, die so viel Geduld mit sich haben und so langsam voranmachen, daß es Gott lieber wäre, sie hätten etwas weniger Geduld.

6. KAPITEL
UNVOLLKOMMENHEITEN BEZÜGLICH DER GEISTLICHEN GENUSSUCHT

1 Über die vierte[1] Hauptsünde, die Genußsucht, gibt es vieles zu sagen. Es findet sich kaum ein Anfänger, der trotz seines guten Verhaltens nicht in einige der zahlreichen Fehler fiele, die hier ihre Quelle haben und durch den Wohlgeschmack erzeugt werden, die man anfangs bei den geistlichen Übungen findet. Vom Schmecken und Verkosten, das sie dabei erfahren, angelockt, haschen sie mehr nach diesem, als daß sie die Lauterkeit und Geistunterscheidung suchten, worauf Gott schaut und was ihm auf der ganzen geistlichen Wanderung das Angenehme ist. So läßt die Genußsucht sie nicht nur in den genannten Fehler fallen, sich vom Genuß anlocken zu lassen, sondern sie auch von

[1] Nach der Zählung hier die fünfte; vgl. aber unten Kap. 13 die andere Zählweise. (D. Ü.)

einem Extrem zum andern schwanken, ohne bei der rechten Mitte zu bleiben, wo die Tugend sich festigt und Halt gewinnt. Angezogen vom Genuß, den sie dabei finden, richten sich manche durch Bußübungen zugrunde, andere schwächen sich durch Fasten, indem sie ohne Anordnung und Rat eines Zuständigen mehr tun, als ihre Schwäche ihnen gestattet, sie verstecken sich sogar vor jenen, denen sie gehorchen müßten, ja einige wagen das Gegenteil dessen zu tun, was ihnen befohlen wird.

2 Das sind sehr unvollkommene Leute, denen der Verstand mangelt. Sie lassen Unterwerfung und Gehorsam beiseite, der doch die Bußübung der Vernunft und die wahre Unterscheidungsgabe ist, das Gott wohlgefälligste Opfer. Anstelle dessen verrichtet man körperliche Bußwerke, die nur noch eine tierische Buße sind, weil man sie wie die Tiere um des Geschmackes willen übt, die man darin findet. Da alle Extreme fehlerhaft sind und diese Leute mit dieser Handlungsweise nur ihren eigenen Willen tun, wachsen sie mehr in den Lastern als in der Tugend. Zumindest verfallen sie der geistlichen Genußsucht und zudem der Hoffart, da sie nicht im Gehorsam bleiben. Und manche betört der Teufel gar sehr, indem er ihre Begierden und Genüsse steigert und so ihre Naschhaftigkeit bis zur Unerträglichkeit anfacht. Dann ändern sie die Vorschrift oder fügen etwas hinzu oder tun sie auf andere Weise, denn hierin ist ihnen der Gehorsam zu beschwerlich. Andere verirren sich sogar soweit, daß wenn sie eine geistliche Übung im Gehorsam vollziehen, sie Lust und Geschmack daran verlieren. Sie haben nur Lust und Freude an dem, was ihnen zusagt, was sie aber vielleicht besser unterlassen würden.

3 Viele von diesen sieht man bei ihren geistlichen Führern darauf drängen, das ihnen Wohlgefällige tun zu dürfen; sie entreißen ihnen die Erlaubnis fast mit Gewalt. Gelingt ihnen dies nicht, so überlassen sie sich wie Kinder der Traurig-

keit; sie sind mißvergnügt, sie bilden sich ein, Gott nicht zu dienen, wenn man ihnen ihre Launen nicht läßt. Da sie ihrem Geschmack und Eigenwillen nachleben und ihn für ihren Gott halten, verfallen sie, sobald man sie zum Tun des Willens Gottes anhalten will, der Trübsal, sind niedergeschlagen und entmutigt. Sie bilden sich ein, daß wenn sie glücklich und zufrieden sind, Gott bedient und zufriedengestellt ist.

4 Wieder andere besitzen aufgrund ihrer geistigen Schwelgerei so wenig Kenntnis von ihrer eigenen Armseligkeit und so wenig Ehrfurcht vor Gottes erhabener Majestät, daß sie nicht anstehen, ihren Beichtvätern die Erlaubnis abzunötigen, häufig beichten und kommunizieren zu dürfen. Das Schlimmste ist, daß sie es wagen, ohne Erlaubnis oder Rat des Dieners und Stellvertreters Christi zu kommunizieren, und ihm den Tatbestand verheimlichen. Da sie nur darauf aus sind zu kommunizieren, beichten sie obenhin, sie denken mehr an den Genuß als an den Empfang mit reinem, wohlvorbereitetem Herzen. Vernünftiger und heilsamer wäre die gegenteilige Einstellung: den Beichtvater zu bitten, sie nicht so oft zu den Sakramenten treten zu lassen; das Beste aber zwischen diesen beiden Extremen ist, demütig gelassen zu sein. Übertriebene Verwegenheit in diesem Punkt ist immer von Übel, und sie muß die entsprechende Strafe gewärtigen.

5 Wenn solche Leute kommunizieren, wollen sie sich mehr ein fühlbares Verkosten verschaffen als den in ihrem Herzen empfangenen Gott verehren und ihn in Demut preisen. Sie sind von diesem Gedanken so eingenommen, daß wenn sie keinen fühlbaren Geschmack und Trost erhalten haben, sie nichts geleistet zu haben meinen. Das heißt sehr gering von Gott denken. Sie verstehen nicht, daß sinnlicher Genuß die geringste der Wirkungen des heiligen Sakramentes ist, während der weit höhere, unsichtbare, die darin verliehene Gnade ist. Deshalb entzieht ihnen Gott oft die fühlbaren

süßen Genüsse, damit sie die Augen des Glaubens auf das wahre Gut richten. Sie aber wollen Gott fühlen und schmekken, als wäre er unsern Sinnen zugänglich, und das nicht nur beim Kommunizieren, sondern auch bei andern geistlichen Übungen. Dies alles verrät größte Unvollkommenheit und bildet einen argen Verstoß gegen Gottes Wesen, weil ein solcher Glaube nicht lauter ist.

6 Nicht anders verhalten sich diese bei ihrem Gebet. Sie bilden sich ein, es bestehe zur Gänze darin, daß man Geschmack und sinnenhafte Andacht findet. Mit Gewalt suchen sie sich solche zu verschaffen, was sie nur ermüdet und ihnen Kopfweh macht; und wenn es ihnen mißlingt, sind sie völlig niedergeschlagen und meinen nichts getan zu haben. Ihrer Ansprüche wegen gehen sie der wahren Andacht und des Gebetsgeistes verlustig, der darin besteht, in Geduld und Demut auszuharren, sich selber mißtrauend, aber bestrebt, Gott allein zu gefallen. Finden sie einmal bei einem bestimmten Gebet keinen Geschmack, so sind sie angewidert; sie mögen nicht weitermachen und zuweilen unterlassen sie es ganz. Darin gleichen sie, wie schon gesagt, kleinen Kindern, die sich in ihren Regungen und Taten nicht von der Vernunft, sondern von der Sinnlichkeit leiten lassen. Ihr ganzes Trachten geht in der Suche nach geistlichem Genuß und Trost auf, weshalb sie auch nie genug Bücher lesen können. Bald greifen sie nach dieser Betrachtung, bald nach jener, und sind damit in den göttlichen Dingen doch nur auf der Jagd nach dem eigenen Lustgefühl. In seiner Gerechtigkeit, Weisheit und Liebe aber versagt Gott ihnen dieses; anders würde sie ihre Genußsucht in unzählige Übel stürzen. Für sie ist es äußerst wichtig, in die dunkle Nacht einzutreten, um sich von dem ganzen kindischen Wesen zu säubern.

7 Die zu solchen Genüssen Neigenden verfallen noch in einen andern großen Fehler: sie sind zu feig und zu lau, um

den herben Weg des Kreuzes zu wandeln. Denn wer nach Genuß strebt, stößt natürlicherweise alle Unannehmlichkeiten der Selbstverleugnung von sich.

8 Sie haben noch viele andere, daraus entspringende Unvollkommenheiten. Der Herr heilt sie zu seiner Zeit durch Anfechtungen, Trockenheiten und Prüfungen, die zur dunklen Nacht gehören. Doch ich will, um nicht weitschweifig zu werden, hier nicht davon reden, erwähne bloß noch, daß echte Nüchternheit und Mäßigkeit ganz anders geartet sind; sie äußern sich in Abtötung, Furcht, Unterwürfigkeit. Man merke sich, daß Wert und Vollkommenheit unserer Werke nicht in ihrer Menge oder in ihrem Geschmack bestehen, sondern in der Selbstüberwindung, mit der man sie tut. Darauf sollen die Anfänger, so viel sie vermögen, achten, bis Gott sie selber reinigt, indem er sie in die dunkle Nacht einführt. Um möglichst bald von dieser handeln zu können, will ich nur noch kurz bei den folgenden Unvollkommenheiten verweilen.

7. KAPITEL
UNVOLLKOMMENHEITEN BETREFFS NEID UND GEISTLICHE TRÄGHEIT

1 Auch in bezug auf die beiden verbleibenden Hauptsünden, Neid und Trägheit, begehen die Anfänger viele Fehler. Was den Neid angeht, so werden viele von ihnen von Eifersucht auf die geistlichen Güter der andern angefochten; es bereitet ihnen fühlbare Pein, sie weiter voran auf dem Weg zu sehen; es ist ihnen unangenehm, daß jene Anerkennung finden, denn ihre Tugenden schaffen ihnen Betrübnis, und oft können sie sich nicht enthalten, abträgliche Bemerkungen darüber zu machen und jenes Lob nach Vermögen herabzusetzen. Ihr Auge blickt scheel, wenn sie nicht die gleiche Anerkennung wie andere finden, denn sie

möchten in allem vorgezogen werden. Das alles ist der Liebe direkt entgegengesetzt, die, wie Paulus sagt, sich über das Gute freut (1 Kor 13,6). Wenn die Liebe Neid verspürt, so ist es ein heiliger Neid: es schmerzt sie, die Tugenden der andern nicht zu besitzen, und doch ist sie glücklich, daß die andern sie haben. Und weil eine Tugend ihr selber so fehlt, freut sie sich, daß alle andern Gott besser dienen als sie.

2 Nun zur geistlichen Trägheit. Anfänger pflegen vor den geistlicheren Dingen einen Überdruß zu verspüren und dieselben zu fliehen, weil sie ihrem sinnlichen Geschmack nicht zusagen. Da die geistlichen Dinge sie nur ihres Wohlgeschmacks wegen anziehen, bereiten sie ihnen bei dessen Fehlen Langeweile. Finden sie im Gebet den Trost nicht nach ihrem Gelüst, den Gott ihnen aber diesmal, um sie zu prüfen, versagt, so mögen sie nicht mehr zu ihm zurückkehren oder lassen ganz davon ab oder verrichten es nur mit Widerwillen. Aus Trägheit verlassen sie den Weg der Vollkommenheit – den Weg der Verleugnung des eigenen Willens und Geschmacks aus Liebe zu Gott – und wählen den der Lust und Befriedigung ihres Willens. Sie wollen lieber den eigenen als den göttlichen Willen befriedigen.

3 Viele von ihnen hegen den Wunsch, Gott möge sich ihrem Willen anpassen; es bereitet ihnen Verdruß, sich dem seinen fügen zu müssen, sie tun es nur mit Widerstreben. Gar oft scheint ihnen das, was nicht ihren Wünschen und Gelüsten entspricht, auch nicht der Wille Gottes zu sein, während sie überzeugt sind, daß wenn ihr Wille zufriedengestellt ist, auch der Gottes es sei. Sie messen Gott nach sich, und nicht sich nach Gott, der uns doch selber im Evangelium sagt: «Wer seinen Willen für mich verliert, der wird ihn gewinnen, und wer ihn gewinnen will, der wird ihn verlieren» (Mt 16,25).

4 Solche empfinden auch Verdruß, wenn man ihnen befiehlt, was nicht nach ihrem Geschmack ist. Weil sie im Geist auf Erquickung und Wohlgeschmack aus sind, sind sie lustlos und schwächlich, wo der Weg der Vollkommenheit Starkmut und Anstrengung verlangt. Wie solche, die weichlich erzogen wurden: sie schrecken vor jeder Schwierigkeit zurück, fliehen vor dem Kreuz, das die wahren Wonnen des Geistes in sich schließt, und fühlen um so mehr Überdruß, je geistiger eine Sache ist. Da sie auf dem geistlichen Weg nach eigenem Wohlgefallen und Geschmack ausschreiten wollen, bereitet es ihnen viel Widerwillen, durch den engen Pfad, der nach Christus zum Leben führt, einzutreten (Mt 7,14).

5 Dies mag für die Aufzählung der Unvollkommenheiten genügen, obschon es nur einige aus den vielen sind, denen die Anfänger im ersten Stadium des geistlichen Lebens verfallen. Man ersieht daraus, wie nötig es ist, daß Gott sie in den Stand der Fortschreitenden versetze, indem er sie in die dunkle Nacht führt, von der wir sprechen werden. Hier hebt er sie weg von der Mutterbrust der erwähnten Genüsse und Freuden und schickt sie in innere Dürre und Finsternis, wodurch er von ihnen alle diese Ungereimtheiten und Kindereien abstreift und sie auf ganz anderen Wegen zur Tugend führt. Denn sosehr sich der Anfänger auch bezüglich seiner Handlungen und Leidenschaften der Abtötung befleißigen mag, er kann doch nie vollständig, nicht einmal annähernd zum Ziel gelangen, wenn nicht Gott selbst ihn mittels der Läuterung der dunklen Nacht an die Hand nimmt. Damit ich darüber mit Nutzen sprechen kann, möge Gott mir sein göttliches Licht verleihen, denn um in einer so dunklen Nacht und bei einer so schwierigen Sache recht zu reden, ist dieses Licht unerläßlich.

Nun folgt der Vers:

In einer dunklen Nacht.

8. KAPITEL

ERKLÄRUNG DES ERSTEN VERSES DER ERSTEN STROPHE UND BEGINN DER ABHANDLUNG ÜBER DIE DUNKLE NACHT

1 Diese Nacht, von der wir sagen, sie sei die Beschauung, verursacht in den geistlichen Menschen zweierlei Art von Finsternis oder Läuterung, entsprechend den beiden Teilen des Menschen, dem sinnlichen und dem geistigen. Die eine Nacht oder Läuterung wird die sinnliche sein, in der die Seele in ihrem sinnlichen Teil geläutert und dieser dem Geist angeglichen wird. Die andere ist die geistige Nacht oder Läuterung, in der die Seele gemäß dem Geist gereinigt und entblößt und in diesem für die Liebeseinigung mit Gott bereitet und angeglichen wird. Die sinnliche Nacht ist eine gewöhnliche; sie kommt bei vielen, nämlich bei den Anfängern vor, von ihr werden wir zuerst handeln. Die geistige ist der Anteil sehr weniger, nämlich der schon Eingeübten und Fortschreitenden; von ihr werden wir nachfolgend sprechen.

2 Die erste Läuterung oder Nacht ist bitter und schrecklich für die Sinnlichkeit; aber die zweite ist ohne Vergleich schrecklicher und entsetzlicher für den Geist. Weil die sinnliche in der Reihenfolge die erste ist, werden wir an erster Stelle kurz davon handeln, da sie bekannt und in den Büchern oft behandelt worden ist, um dann ausführlicher von der geistigen Nacht zu sprechen, weil darüber sehr wenig gehandelt wird, weder im Gespräch noch schriftlich, und auch dies selten aus Erfahrung.

3 Da das Verhalten der Anfänger auf dem Weg zu Gott niedrig ist und, wie schon gezeigt, in vieler Hinsicht von ihrer Eigenliebe und Selbstsucht bestimmt wird, will Gott sie allmählich weiterführen: er löst sie los von dieser groben Art, ihn zu lieben und erhebt sie zu einer höheren, er befreit

sie von der niedrigen Weise des Fühlens und Denkens, bei der sie ihn so kurzatmig und unzweckmäßig suchen, und stellt sie auf den Weg des Geistes, auf dem sie mit mehr Fülle und von Mängeln befreiter mit Gott umgehen können. Haben sie sich eine Zeitlang auf dem Weg der Tugend geübt, in Betrachtung und Gebet ausgeharrt und durch den dabei empfundenen Trost sich von den Dingen dieser Welt gelöst und etwas geistige Kraft in Gott errungen, die ihnen hilft, ihre Begier nach Geschöpflichem zu zähmen und um Gottes willen einige Beschwerden und Trockenheiten zu ertragen, ohne sich nach den besseren Zeiten zurückzusehnen, wo sie in den geistlichen Übungen mehr Geschmack fanden und ihnen das Sonnenlicht göttlicher Gnaden heller zu leuchten schien, dann verdunkelt Gott ihnen all dies Licht, verriegelt ihnen die Tür und verstopft ihnen die Quelle des süßen geistlichen Wassers, aus der sie bisher, so oft und soviel es sie danach gelüstete, getrunken hatten. Denn solange sie schwächlich und verzärtelt waren, gab es für sie keine verschlossene Tür, wie Johannes in der Apokalypse sagt (3,8). Jetzt aber versetzt er sie in Finsternis, so daß sie nicht mehr wissen wohin mit ihren sinnlichen Vorstellungen und ihren Gedanken. Sie kommen in der Meditation keinen Schritt mehr voran, wie sie es früher gewohnt waren, da das innere Fühlen schon in die Nacht versenkt und in solche Dürre versetzt ist, daß die früher so tröstlichen geistlichen Dinge und frommen Übungen ihnen saft- und geschmacklos vorkommen, ja in ihnen Widerwillen und Überdruß erzeugen. Gott hat, wie gesagt, gesehen, daß sie etwas gewachsen sind, und damit sie erstarken und den Windeln entwachsen, entzieht er ihnen die süße Brust, läßt sie vom Arm herab und gewöhnt sie, auf eigenen Füßen zu gehen. Das alles kommt ihnen ganz neu vor, da sich für sie alles ins Gegenteil verkehrt hat.

4 Leuten, die zurückgezogen leben, stößt das eher als andern zu und meist kurz nachdem sie (mit diesem Leben)

begonnen haben, weil sich ihnen weniger Gelegenheit bietet, sich nach Vergangenem umzuwenden, und sie ihren Geschmack schneller vom Weltlichen abkehren. Das ist denn auch für den Eintritt in die beseligende Nacht der Sinne erfordert. Zumeist vergeht wenig Zeit nach diesem Beginn, ehe sie in die Nacht der Sinne versetzt werden, und die meisten geraten hinein, was man für gewöhnlich daran sieht, daß sie in diese Trockenheit fallen.

5 Weil diese Art sinnlicher Läuterung so häufig ist, könnten wir dafür viele Stellen aus der Heiligen Schrift anführen, die sich auf Schritt und Tritt, vor allem in den Psalmen und bei den Propheten, finden. Ich will aber damit keine Zeit vergeuden; wer sie dort nicht nachsehen will, dem kann die allgemeine Erfahrung genügen.

9. KAPITEL

ZEICHEN, WORAN MAN ERKENNEN KANN, DASS EIN GEISTLICHER MENSCH AUF DEM WEG DIESER NACHT UND SINNLICHEN LÄUTERUNG WANDELT

1 Nun kommt es oft vor, daß Trockenheit ihren Grund nicht in der erwähnten Nacht und Läuterung des sinnlichen Begehrens hat, sondern in Sünden und Unvollkommenheiten, Lauheit und Übellaunigkeit oder in einem gestörten körperlichen Gleichgewicht oder einer Verstimmung. Deshalb will ich hier auf einige Anzeichen aufmerksam machen, woran man erkennt, ob die Trockenheit die genannte Reinigung der Sinne zur Ursache hat oder vielmehr einen der genannten Mängel. Ich finde dafür drei hauptsächliche Kennzeichen.

2 Das erste besteht darin, daß einer ebensowenig Geschmack und Trost an den geschöpflichen Dingen findet wie an den göttlichen. Denn wenn Gott die Seele zur Läute-

rung ihrer Sinnlichkeit in die dunkle Nacht versetzt, dann erlaubt er ihr nicht mehr, an irgendeiner Sache Vergnügen und Geschmack zu finden. Daran erkennt man mit ziemlicher Sicherheit, daß diese Trockenheit und Geschmacklosigkeit nicht aus jüngst begangenen Sünden und Fehlern stammt. Denn wäre dem so, würde die Natur gewisse Neigungen und Gelüste nach andern als den göttlichen Dingen verspüren; sobald man einer Begierde nach Unvollkommenem die Zügel schießen läßt, fühlt man sich dem zugeneigt, und zwar stärker oder geringer, je nachdem man mehr oder weniger davon angezogen wird. Sofern jedoch der Widerwille gegen himmlische oder irdische Dinge auch einer leiblichen Unpäßlichkeit oder einer Melancholie entstammen könnte, die uns die Lust an allem verleidet, muß auch das zweite Kennzeichen berücksichtigt werden.

3 Dieses zweite Kennzeichen, woraus man auf die genannte Läuterung schließen kann, besteht darin, daß man sich für gewöhnlich mit Eifer und Sorgfalt Gottes zu erinnern sucht, daß man meint, man diene ihm nicht und es gehe rückwärts mit einem, da man an göttlichen Dingen keine Lust mehr verspürt. Man ersieht daraus, daß solcher Mangel an Geschmack und solche Dürre nicht der Lässigkeit und Lauheit entspringt; besteht doch das Wesen der Lauheit darin, sich um die Dinge Gottes nicht zu kümmern und innerlich nicht darum besorgt zu sein. Zwischen Trokkenheit und Lauheit besteht demnach ein großer Unterschied. Lauheit zeigt sich in ausgesprochener Schlaffheit und Trägheit von Wille und Verstand; der Dienst Gottes sagt einem nichts mehr. Die läuternde Trockenheit dagegen hat, wie gesagt, dauernde ängstliche Beflissenheit um diesen Dienst im Gefolge, sowie die Besorgnis, ihn nicht recht auszuführen. Gewiß kann sich zuweilen Melancholie oder eine sonstige Gestimmtheit damit verbinden, aber die Trockenheit wird trotzdem ihre reinigende Wirkung haben, da die Seele aller Tröstung entbehrt und doch einzig nach Gott

begehrt. Wenn die Trockenheit nur einer Gemütsstimmung entstammt, dann ist die Natur nur widerwillig und niedergeschlagen, man verspürt keinerlei Verlangen, Gott zu dienen, wie in der läuternden Trockenheit: mag hier der sinnliche Teil ob des mangelnden Trostes schlaff, träge und zum Wirken unaufgelegt sein, so ist doch der Geist bereit und stark.

4 Die Ursache dafür liegt darin: Gott überträgt die Güter und Kräfte der Sinnlichkeit ins Geisthafte; da diese ihrem natürlichen Wesen nach dessen nicht fähig ist, bleibt sie ohne Nahrung, in Dürre und Leere. In der Tat ist der sinnliche Teil nicht befähigt für das, was des reinen Geistes ist; wenn deshalb der Geist etwas kostet, ist das Fleisch mißvergnügt und träge zum Handeln. Der Geist dagegen, der jetzt mehr Nahrung erhält, erstarkt und wird aufmerksamer als früher, um es im Dienst Gottes an nichts fehlen zu lassen. Wenn er nicht sogleich göttliche Tröstung fühlt, sondern eher Trockenheit und Widerwillen, so ist das der plötzlichen Änderung zuzuschreiben. Sein Gaumen ist noch an sinnliche Genüsse gewöhnt, seine Blicke sind noch darauf ausgerichtet. Der geistliche Geschmackssinn ist für solche Freuden noch nicht zubereitet und geläutert, deshalb kann er den geistigen Trost noch nicht kosten, er findet sich trocken und unlustig, weil ihm der Genuß entzogen wurde, der ihm vorher so leicht zugänglich war.

5 Solche, die Gott in die Wüste zu führen beginnt, gleichen den Kindern Israels, denen Gott in der Wüste Brot vom Himmel zu essen gab, welches jede Süßigkeit in sich barg und, wie anderswo gesagt wird (Wh 16,20f), jeden vom Einzelnen gewünschten Geschmack annehmen konnte. Trotzdem fühlten sie mehr den Mangel des Wohlgeschmacks der Fleischspeisen und Zwiebeln, die sie in Ägypten genossen hatten, und verkannten deshalb die Güte der Engelsspeise; sie weinten und trauerten um ihre einstigen Speisen,

während ihnen himmlische dargeboten wurde (Num 11,5). So tief sind wir in unserer Begierde gesunken, daß sie uns nach unserer Jämmerlichkeit lechzen und vor den unvergleichlichen Gütern des Himmels ekeln läßt.

6 Wenn aber die Trockenheit ihren Grund in der Läuterung des Sinnesvermögens hat, dann gewinnt der Geist, auch wenn er anfänglich aus den besagten Ursachen nichts verkostet, doch an Stärke und Entschlossenheit zum Handeln kraft der innern Speise, die ihn erhält und die der Anfang der für die Sinne dunkeln und trockenen Beschauung ist: sie ist etwas Verborgenes und für den, der sie besitzt, Geheimnisvolles. Für gewöhnlich gibt sie der Seele, abgesehen von der Dürre und Leere in der Sinnlichkeit, ein Verlangen nach Einsamkeit und Stille, ohne daß sie an etwas Bestimmtes denken könnte oder auch wollte. Würden jene, denen das zustößt, sich still zu verhalten wissen, alle innere und äußere Tätigkeit sein lassen und sich um nichts kümmern, dann würden sie in dieser Stille und diesem Vergessen von allem alsbald das Köstliche der innern Erquickung verspüren. Diese ist so zart, daß die Seele sie für gewöhnlich nicht spürt, gerade wenn sie ein besonderes Verlangen nach ihrem Genuß hat; sie wirkt sich, wie gesagt, nur in der seelischen Stille und Selbstvergessenheit aus. Sie gleicht der Luft, die entweicht, wenn die Hand sich über sie schließen will.

7 Mit Bezug darauf können wir die Worte verstehen, die im Hohenlied der Bräutigam zur Braut spricht: «Wende deine Augen von mir ab, denn sie haben mich entfliegen lassen» (6,4). Denn in diesem Zustand behandelt Gott die Seele so und führt sie auf so eigenartigem Wege, daß sie, ihre eigenen Vermögen betätigend, das Werk, das Gott in ihr verrichtet, eher stört als fördert. Es ist also das Gegenteil dessen, was vorher war. Und zwar deshalb, weil Gott in der Seele, die im Zustand der Beschauung vom diskursi-

ven Denken weg fortschreitet, nunmehr selber wirkt; er scheint ihr dabei die innern Fähigkeiten zu binden, dem Verstand seine Stütze, dem Willen seine Spannkraft, dem Gedächtnis seine Inhalte zu entziehen. Was die Seele in diesem Zustand an Eigenem beitragen mag, dient, wie gesagt, nur dazu, den innern Frieden und das Werk, das Gott in der Trockenheit sinnlichen Fühlens wirkt, zu stören. Da dieser Friede geisthaft und zart ist, wirkt er ebenso leise und zart, in der Stille beruhigend und befriedend, völlig verschieden von allen früheren, gröblich tastbaren und fühlbaren Genüssen. Es ist der Friede, den Gott nach David in die Seele hineinspricht, um sie geistig zu machen (Ps 84,9). Und von hier aus ergibt sich das dritte.

8 Das dritte Kennzeichnen, woraus die Läuterung der Sinnlichkeit ersichtlich wird, besteht darin, daß man nicht mehr betrachten und nachdenken und trotz aller Anstrengung die Phantasie nicht mehr wie gewohnt verwenden kann. Da Gott sich hier nicht mehr wie früher durch die Sinne mitzuteilen beginnt, wo das diskursive Denken Begriffe miteinander verband oder voneinander trennte, sondern auf rein-geistige Weise, wobei eine Aufeinanderfolge der Gedanken nicht mehr statthat, nämlich in einem Akt der einfachen Beschauung, zu der die untern Sinnesvermögen, äußere wie innere, nicht zureichen, so ergibt sich, daß Einbildungskraft und Phantasie bei solcher Betrachtung keine Stütze mehr bieten können und man auf ihnen nicht Fuß fassen kann.

9 Bezüglich dieses dritten Kennzeichens ist zu beachten, daß die Hemmung der Seelenkräfte und ihr Aberwille nicht von einer bloßen Gestimmtheit herrühren, denn da eine solche vorübergeht, könnte die Seele mit einiger Sorgfalt sogleich wieder tun, was sie vorher getan hat und sich ihrer Kräfte bedienen. Bei der Läuterung des Begehrens aber ist es nicht so. Denn sobald sie darin eintritt, nimmt die Un-

fähigkeit, ihre Kräfte zum Nachdenken zu verwenden, immer mehr zu. Freilich hat bei etlichen die Läuterung keine solche Beständigkeit, daß sie nicht zuweilen auch sinnliche Ergötzung fänden und Überlegungen anstellten; können sie doch ihrer Schwachheit wegen nicht auf einen Schlag entwöhnt werden. Dennoch dringen sie immer tiefer in die Beschauung ein, und wenn sie wirklich voranmachen, nimmt die Sinnestätigkeit ein Ende. Mit denen, die nicht den Weg der Beschauung wandeln, verhält es sich ganz anders. Bei ihnen pflegt die Nacht der Dürre in der Sinnlichkeit nicht anzudauern; zuweilen sind sie darin, zuweilen nicht; das eine Mal können sie nicht überlegen, andere Male können sie es. Denn Gott versetzt sie in diese Nacht nur um sie zu erproben, zu demütigen, ihre Begierden zu läutern, damit sie keiner sündigen Genußsucht in geistlichen Dingen frönen, nicht aber, um sie auf dem Weg der geistlichen Beschauung zu führen. Denn nicht alle, die ihrem Entschluß gemäß ein geistliches Leben führen, erhebt Gott zur Beschauung, ja nicht einmal die Hälfte; warum, weiß er allein. Daher kommt es, daß diese sich nie vollständig von den Brüsten des diskursiven Nachdenkens lösen, sondern nur zuweilen und in Abständen.

10. KAPITEL

WIE MAN SICH IN DIESER DUNKLEN NACHT ZU VERHALTEN HAT

1 Zur Zeit der Dürre in der sinnlichen Nacht, da Gott den besprochenen Wandel schafft und die Seele vom Sinnlichen weg zum Geistigen, vom nachdenkenden Betrachten zur Beschauung der göttlichen Dinge führt, wo sie mit ihren eigenen Fähigkeiten nichts mehr wirken und erinnern kann, leiden die geistlichen Menschen große Qual. Und dies nicht bloß ob der Dürre, sondern auch wegen des Argwohns, sich auf diesem Weg verirrt zu haben. Ihnen scheint, sie hätten

alle geistlichen Güter verloren, Gott hätte sie im Stich gelassen, da sie an nichts Gutem mehr Halt und Trost finden können. So plagen sie sich ab und versuchen ihrer Gewohnheit gemäß durch Nachdenken über irgendeinen Gegenstand ihre Fähigkeiten irgendwie zufriedenzustellen, in der Meinung, wenn sie nicht so handelten und ihr Beschäftigtsein nicht fühlten, täten sie nichts. Das tun sie aber nicht ohne große Unlust und inneres Widerstreben der Seele, die in diesem Frieden und in der Muße bleiben möchte, ohne sich mit ihren Fähigkeiten abmühen zu müssen. Sich so vom einen abwendend, gewinnen sie nichts am andern; während sie mit dem eigenen Geist tätig sein wollen, verlieren sie den Geist der Ruhe und des Friedens. Sie gleichen einem Menschen, der das schon Gewirkte stehen läßt, um von vorn anzufangen, oder einem, der die schon gefangene Beute fahren läßt, um von neuem auf die Jagd zu gehen. Das ist vergebliche Mühe; man wird, zur früheren Methode zurückkehrend, nichts gewinnen.

2 Finden solche in dieser Zeit niemanden, der sie versteht, so machen sie Rückschritte. Sie verlassen den rechten Weg oder erschlaffen oder erschweren sich zumindest ihren weitern Weg. Aufgrund ihrer vielen Bemühungen, durch Betrachtung und Nachdenken weiterzukommen, ermüden sie ihre Natur und strapazieren sie übermäßig, in der Meinung, ihre Nachlässigkeit oder Sündigkeit sei schuld. Das alles ist jetzt überflüssig, da Gott sie auf einem andern Weg, dem der Beschauung führt, der vom ersten gänzlich verschieden ist: dort hatte Nachdenken und Diskurs seinen Platz, hier hat Phantasie und Forschung keinen Raum mehr.

3 Wenn man erkennt, daß man auf diesen Weg gesetzt ist, muß man sich in Geduld getrösten und sorglos sein. Sich Gott anvertrauen, der die nicht verläßt, die ihn mit einfältigem und aufrichtigem Herzen suchen, und der nicht säumen wird, ihnen das auf diesem Weg Nötige zu geben, bis er sie

zum klaren und reinen Licht der Liebe erhebt. Dies aber wird ihnen zuteil durch Vermittlung der dunklen Nacht des Geistes, wenn Gott sie in diese zu versetzen sich würdigt.

4 Das Verhalten in der Nacht der Sinne aber besteht darin, daß man sich nicht länger mit Nachdenken und Meditieren befaßt, denn dafür ist jetzt die Zeit nicht mehr. Man halte vielmehr die Seele in Gelassenheit und Ruhe, auch wenn es den Anschein hat, man täte nichts und verliere seine Zeit, und auch wenn man glaubt, man habe aus Trägheit keine Lust mehr an etwas zu denken. Man tut schon viel, wenn man geduldig im Gebet ausharrt, ohne selber etwas hinzuzutun. Alles, was man tun soll, ist, die Seele unbehindert von allen Begriffen und Gedanken freizuhalten, ohne sich zu kümmern, was man bedenken und betrachten soll, sich begnügend mit einem liebenden ruhigen Aufmerken auf Gott, ohne Besorgnis, ohne den Wunsch, ihn zu kosten oder zu fühlen. Denn alle diese Bemühungen beunruhigen und zerstreuen nur die Seele und berauben sie der sanften stillen Ruhe der Beschauung, die sich hier gewährt.

5 Und wenn ihnen Skrupel kommen, sie verlören Zeit und täten besser etwas anderes, da sie doch im Gebet nichts fertigbrächten und ihnen nichts einfiele, so sollen sie sich trotzdem selber ertragen und sich gedulden, denn man betet ja nicht um der eigenen Lust oder der Befreiung seines Geistes willen. Versucht die Seele aus Eigenem durch ihre Kräfte zu wirken, so stört sie und verliert sie die Güter, die Gott ihr durch diesen Frieden verleiht und einprägt. Wenn ein Maler das Gesicht eines Menschen malen oder zeichnen wollte, und dieser würde es, um irgend etwas zu tun, bald dahin, bald dorthin wenden, so käme er nicht zum Ziel, und seine bisherige Arbeit wäre vergeblich. In gleicher Weise erginge es der Seele, die im innern Frieden weilt, sich aber irgendeiner Tätigkeit oder besondern Aufmerksamkeit widmen wollte: sie wird zerstreut, verwirrt und empfindet

Dürre und Leere in ihrem sinnlichen Teil. Je mehr sie sich auf eine Gefühlsregung oder eine Einsicht stützt, desto mehr wird sie deren Mangel spüren, der auf diesem Weg durch nichts ersetzt werden kann.

6 Deshalb soll die Seele es für unwichtig erachten, wenn die Akte ihrer Vermögen ungreifbar werden, sie soll sich vielmehr freuen, daß sie verlorengehen. Denn wenn die Seele das Wirken der eingegossenen Beschauung, die Gott ihr verleiht, nicht stört, wird dieser ihr eine größere Fülle des Friedens schenken. Er wird sie bereiten, vom Geist der Liebe entflammt zu werden, den diese dunkle und verborgene Beschauung mit sich bringt und ihr mitteilt. Denn die Beschauung ist nichts anderes als ein geheimes, friedliches und liebevolles Einströmen Gottes, der die Seele mit dem Geist der Liebe in Brand setzt, wie sie es mit dem folgenden Vers zu verstehen gibt:

Entflammt von Liebessehnen.

11. KAPITEL
DEUTUNG DREIER VERSE DER STROPHE

1 Solche Entflammung der Liebe wird anfänglich nicht wahrgenommen, weil die Liebe infolge der Unreinheit der Natur noch nicht zu brennen begonnen hat oder weil die Seele, die sich, wie erwähnt, selber noch nicht versteht, ihr keine friedliche Unterkunft gewährt. Und doch fühlt die Seele, mit oder ohne dieses Verhalten, zuweilen plötzlich eine Sehnsucht nach Gott, und je weiter sie vorankommt, desto mehr sieht sie sich von Liebe nach Gott erfaßt und entbrannt, ohne zu wissen und zu verstehen, wie und woher ihr dieses Liebesgefühl kommt. Manchmal sieht sie die Flamme und Glut so sehr wachsen, daß sie mit ängstlichem Sehnen nach Gott verlangt, wie David, in solcher Nacht

weilend, es mit diesen Worten ausdrückt: «Entflammt war mein Herz (nämlich von der Liebe der Beschauung), mein Innerstes wendet sich um (das heißt: meine sinnlichen Gelüste und Neigungen verwandeln sich vom Sinnen- zum geistlichen Leben hin, aufgrund der Trockenheit und der Absage an jede Art von Geschmack, wovon wir sprachen), und ich wußte nichts mehr» (Ps 72,21). Ich wurde zu nichts, sagt er, vernichtigt, meines Wissens beraubt; findet sich doch die Seele, wie gesagt, allen von oben oder von unten stammenden Dingen, von denen sie Trost erhoffte, gegenüber vernichtigt. Nur das stellt sie fest: daß sie ganz von Liebe versehrt ist, ohne zu begreifen, wie ihr geschieht. Und da dieses Liebesfeuer oft mächtig ausschlägt, wird ihre Gottessehnsucht so groß, daß der Durst ihr ganzes Gebein auszudörren scheint, ihr Wesen schwächt, ihr die Lebenswärme und Lebenskraft raubt, denn was in ihr lebt – so fühlt sie –, ist die Liebe. Solchen Durst erfuhr David, da er ausrief: «Meine Seele dürstet nach dem lebendigen Gott» (Ps 41,3), als wollte er sagen: Lebendig war der Durst, den meine Seele verspürte. Aber so lebendig er ist, es muß doch gesagt werden, daß er tötet. Doch ist anzumerken, daß die Heftigkeit dieses Durstes nicht immerfort anhält, nur in Abständen wird sie empfunden, wenn auch etwas vom Brennen des Durstes immer empfunden wird.

2 Zu beachten ist, daß dieser Durst, wie zuvor gesagt, in den Anfängen nicht spürbar ist, sondern nur die Dürre und Leere, wovon wir jetzt handeln. Was die Seele anstelle solcher Liebe, die sich erst allmählich entzündet, inmitten der Dürre und Leere empfindet, ist eine ängstliche Besorgnis, Gott recht zu dienen, verbunden mit einer schmerzlichen Furcht, diesen Dienst nicht zu leisten. Nun ist es für Gott ein angenehmes Opfer, zu sehen, wie eine Seele leidet und voller Besorgnis ist aus Liebe zu ihm. Diese Besorgnis und dieser Eifer aber stammen aus der noch verborgenen Beschauung, die solange dauert, bis die Sinne, die natürlichen

Neigungen und Kräfte im sinnlichen Teil der Seele durch jene Trockenheit hinreichend geläutert sind und sie den Geist mit der göttlichen Liebe befeuert. Unterdessen liegt die ganze Aufgabe der Seele, die wie ein Kranker eine Kur durchmacht, darin, sich in der dunkeln Nacht und harten Reinigung des Triebes von einer Menge von Unvollkommenheiten heilen zu lassen und durch Übung zu Kräften zu kommen, um der erwähnten Liebe fähig zu werden, wie wir es nunmehr anläßlich des folgenden Verses erklären werden:

O seliges Geschick!

3 Gott versetzt die Seele in diese Sinnennacht, um das Fühlen des niedern Teiles zu läutern, ihn dem Geist anzugleichen, zu unterwerfen und zu einen, wobei er ins Dunkel eingetaucht und seinem Räsonnieren ein Ende gesetzt wird. Entsprechend wird Gott später den Geist zu dessen Läuterung und zur Einigung mit ihm in die geistige Nacht einführen. Für die Seele ist dies, obschon sie es zunächst nicht sieht, ein solcher Vorteil, daß sie es für ein seliges Geschick hält, von den Banden und Beengungen des niedern Sinnenteils befreit und in diese selige Nacht eingeführt worden zu sein, weshalb sie den jetzigen Vers singt: *O seliges Geschick!* Um das zu verstehen, sollen die Vorteile beschrieben werden, die der Seele durch diese Nacht zukommen und die der Grund sind, weshalb sie den Durchgang durch sie für ein seliges Geschick hält. Alle diese Vorteile faßt sie im folgenden Vers zusammen:

Entfloh ich unbemerkt.

4 Das Entfliehen bezieht sich auf das bisherige Unterworfensein der Seele unter ihren sinnlichen Teil, das sie zwang, Gott mit so schwächlichen, beschränkten und gefährlichen Mitteln, wie dieser sinnliche Teil sie bietet, zu suchen; denn bei jedem Schritt strauchelte sie über tausen-

derlei Unvollkommenheiten und Unkenntnisse, wie anläßlich der Besprechung der sieben Hauptsünden ersichtlich wurde. Von alldem wird sie frei, wenn die dunkle Nacht alle ihre niedrigen und höheren Befriedigungen auslöscht, ihr ganzes Räsonnieren in Nacht versenkt und ihr dafür zahllose andere Güter verschafft, sie mit Tüchtigkeiten bereichert, von denen jetzt die Rede sein soll. Für den, der diesen Weg geht, wird es überaus erfreulich und tröstend sein, festzustellen, daß was der Seele so hart und bitter und ihrem geistigen Geschmack so entgegengesetzt schien, zur Quelle so vieler Güter geworden ist. Aber diese Güter, das sei wiederholt, erwachsen ihr nur, wenn sie dank der dunkeln Nacht sich von ihren Neigungen und Werken nach allem Geschaffenen entfernt und zum Ewigen erhebt: hierin liegt das große Glück und die Beseligung. Einmal weil es ein großer Vorteil ist, die Leidenschaft und Begierde nach allem Geschaffenen ausgelöscht zu haben, sodann weil es nur sehr wenige sind, die sich gedulden und ausharren, um durch die enge Pforte und den schmalen Weg, der zum Leben führt, einzugehen, wie unser Herr sagt (Mt 7,14). Die enge Pforte ist die Nacht der Sinne; die Seele entledigt und entblößt sich aller Anhänglichkeit, um in diese Nacht einzutreten. Sie stützt sich dabei auf den Glauben, der jedem sinnlichen Erfahren fremd ist, um von da den schmalen Weg zu betreten, die andere Nacht, die des Geistes. Von ihr aus schreitet die Seele fortan Gott entgegen, einzig auf den Stab des Glaubens gestützt, als auf das Mittel, wodurch sie sich Gott vereint. Auf diesem Weg aber wandeln – weil er (wie zu sagen sein wird) so eingeengt, dunkel und schrecklich ist, daß kein Vergleich zwischen ihm und der Nacht der Sinne, was Dunkelheit und Mühsal betrifft, besteht – sehr viel weniger Menschen, wobei doch die Vorteile, die man hier findet, sehr viel größer sind. Von den Vorteilen der Nacht der Sinne handeln wir im folgenden so kurz wie möglich, um dann zur andern Nacht überzugehen.

12. KAPITEL

VON DEN VORZÜGEN DER SINNLICHEN NACHT

1 Diese Nacht und Läuterung des Gelüsts ist für die Seele segensreich und bereitet ihr vielerlei Gut und Gewinn, auch wenn sie sich, wie gezeigt wurde, darin viel eher beraubt vorkommt. Wie Abraham ein Fest feierte, als sein Sohn Isaak entwöhnt wurde, so herrscht im Himmel Freude darüber, daß Gott diese Seele aus ihren Windeln befreit, sie aus seinem Arm herabläßt und auf die eigenen Füße stellt, um ihr fortan, von Muttermilch und Kinderbrei entwöhnt, Brot mit der Rinde zu reichen. Sie soll anfangen, am Brot der Starken Geschmack zu finden; in der Dürre und Dunkelheit der Sinnennacht wird es allgemach dem von den sinnlichen Tröstungen befreiten und entwöhnten Geist dargereicht. Dieses Brot ist die eingegossene Beschauung, von der schon die Rede war. Sie ist der erste und wichtigste Vorteil, der der Seele hieraus erwächst; fast alle andern entspringen daraus.

2 Der erste, der sich daraus ergibt, ist die Erkenntnis unserer selbst und unseres eigenen Elends. Abgesehen davon, daß alle übrigen von Gott in der Seele erwirkten Gnaden, für gewöhnlich in dieser Erkenntnis eingeschlossen sind, verschaffen Dürre und Leere in den Seelenkräften gegenüber der früheren Fülle, sowie die jetzige Mühsal beim Tun des Guten, der Seele Einsicht in ihre Niedrigkeit und Verächtlichkeit, die sie zur Zeit ihres Wohlgedeihens nicht wahrnahm. Ein treffendes Bild liefert uns das Buch Exodus. Gott wollte die Kinder Israels demütigen und sie zur Selbsterkenntnis führen und befahl ihnen deshalb, ihren Schmuck und ihre Festkleider, die sie in der Wüste zu tragen pflegten, abzulegen: «Legt nun euren Schmuck ab» (Ex 33,5) und bekleidet euch mit dem Werktagsgewand, damit ihr einseht, was euch gebührt. Als wollte er sagen: Da die Festtracht, die ihr tragt, euch veranlaßt, nicht so gering wie billig von euch zu denken, so legt sie ab, damit ihr, wenn ihr euch fort-

an im Werktagskleid vorfindet, einseht, daß ihr nicht mehr verdient und wer ihr überhaupt seid. Dies Beispiel führt der Seele ihre Erbärmlichkeit vor Augen, die ihr vorher verborgen war; denn als sie noch festlich einherging und viel Trost, Süßigkeit und Unterstützung bei Gott fand, war sie selbstsicherer und mit sich zufriedener, und es kam ihr vor, Gott einigermaßen zu Diensten zu sein. Und wenn sie dergleichen Gefühle auch nicht ausdrücklich werden ließ, so war sie aufgrund der aus dem Genuß erwachsenden Selbstgefälligkeit doch in etwa davon angetan. Jetzt dagegen, da sie im Alltagsgewand der Dürre und Entblößung einhergeht, ihre früheren Lichter erloschen sind, besitzt sie die hohe und unentbehrliche Tugend der Selbsterkenntnis in viel höherem Maß. Sie hält nichts mehr von sich und sucht keine Befriedigung mehr bei sich; sieht sie doch, daß sie aus sich nichts vermag und nichts fertigbringt. Solche Geringschätzung ihrer selbst und die Trostlosigkeit darüber, daß sie Gott nicht dient, wird von Gott mehr geschätzt als alle ihre früheren Werke und Empfindungen, so erhaben diese gewesen sein mögen, weil sie aufgrund vielerlei Unvollkommenheit und Torheit zustande gekommen waren. Aus diesem neuen Gewand der Selbsterkenntnis ergeben sich als aus dem Ursprung und Quell nicht nur die besagten Vorteile, sondern andere, von denen zu sprechen sein wird und noch viele weitere, die hier unausgesprochen bleiben.

3 Zunächst eine größere Ehrfurcht und Zurückhaltung im Umgang mit Gott, wie es sich im Verkehr mit dem Höchsten immer geziemt. Solches hat die Seele, als sie in Genüssen und Tröstungen schwelgte, nicht an den Tag gelegt. Die empfundene Gunstbezeugung flößte ihr Gott gegenüber mehr Anmaßung, Unbescheidenheit und Unüberlegtheit ein, als ihr zustand. So erging es Mose, als er begriff, wer mit ihm aus dem brennenden Busch sprach; von seinem freudigen Gelüst angestachelt, dachte er nur daran, sich

Gott mehr zu nähern, bis dieser ihm befahl, innezuhalten und die Schuhe auszuziehen. Wir ersehen daraus, mit welcher Ehrfurcht und Zurückhaltung, mit welcher Entblößung von Begierde man mit Gott umgehen muß. Nachdem Mose gehorcht hatte, wurde er so achtsam und bescheiden, daß er nicht nur, wie die Schrift sagt, sich von Annäherung zurückhielt, sondern nicht einmal mehr hinzuschauen wagte (Ex 3,5–6). Da er seine Schuhe der Begierden und Gelüste ausgezogen hatte, erkannte er zutiefst sein Elend vor Gott und wurde deshalb gewürdigt, das Wort Gottes zu hören.

In ein ähnliches Verhältnis setzte Gott den Ijob, als er mit ihm reden wollte; dies geschah nicht während dieser in den Genüssen und im Ruhm weilte, wovon uns berichtet wird, daß er sie im Verkehr mit seinem Gott hatte, sondern da er ihn nackt auf einem Misthaufen aussetzte, verlassen und sogar verfolgt von seinen Freunden, erfüllt von Seelenqualen und Bitternis, mit Würmern übersät: da war es, daß Gott der Höchste, der den Armen vom Düngerhaufen aufhebt, herabzusteigen geruhte, um Angesicht zu Angesicht mit ihm zu reden, ihm die Tiefen der Weisheit zu enthüllen, wie es nie zuvor in den Zeiten seines Wohlstands geschehen war.

4 Hier soll auch ein anderer kostbarer Vorteil erwähnt werden, der sich aus der Nacht und Dürre der Sinne ergibt. In dieser dunklen Nacht des Triebes erfüllt sich das Wort des Propheten: «Dein Licht wird in der Finsternis aufgehen» (Jes 58,10). Gott erleuchtet die Seele, und dann erkennt sie nicht nur, wie gesagt, ihr Elend und ihre Niedrigkeit, sondern entdeckt auch die Größe und Erhabenheit Gottes; nicht nur sind die sinnlichen Gelüste und Stützen weggefallen, sondern der Verstand hat die nötige Freiheit und Lauterkeit erworben, um die Wahrheit zu erkennen, denn sinnliches Gelüst und Bestreben trübt und hemmt den Geist auch dann, wenn es sich bloß auf Geistiges ausrichtet,

während im Gegenteil Bedrängnis und Trockenheit die Einsicht erleuchtet und belebt, gemäß dem Wort des Jesaja: «Bedrängnis wird Einsicht zum Hören geben» (Jes 28,19). Ist demnach die Seele ledig und ungehindert, wie es zum Empfang einer Einwirkung von oben erfordert ist, so ist sie durch die dunkle Nacht und Trockenheit der Beschauung hindurchgegangen, und Gott schenkt ihr, wie wir sagten, auf übernatürliche Weise die Lichter seiner Weisheit, was er früher wegen der sinnlichen Genüsse und Befriedigungen nicht getan hatte.

5 Darüber belehrt uns bestens derselbe Prophet, wenn er sagt: «Wem wird Gott Einsicht verleihen? Dem von der Milch Entwöhnten, dem der Mutterbrust Entfremdeten» (ebd. 28,9). Damit ist gesagt, daß die zum Empfang dieses göttlichen Einflusses nötige Verfassung weder die erste Milch geistiger Süße ist noch das Ernährende des erquickenden Nachdenkens mit dem Sinnesvermögen, sondern vielmehr die Beraubung des einen und die Loslösung vom andern. Ziemt es sich doch für die Seele, die Gott anhören soll, recht auf den eigenen Füßen zu stehen, ohne sich irgendwo auf Sinn und Trieb zu stützen. Das sagt der Prophet Habakuk von sich selbst: «Ich will mich auf meine Warte stellen» (mich freimachen von sinnlichem Begehren) und meinen Fuß aufsetzen (nicht auf sinnliche Weise räsonnieren) und Ausschau halten, um zu sehen, was Er zu mir sagt» (Hab 2,1). Somit steht fest, daß aus dieser trockenen Nacht zuerst die Selbsterkenntnis entspringt, die ihrerseits die Grundlage für die Gotteserkenntnis bildet. Deshalb sagte der hl. Augustinus zu Gott: «Möchte ich doch mich erkennen, Herr, dann würde ich Dich erkennen.» Denn, sagen die Philosophen, ein Extrem wird am besten durch das andere erkannt.

6 Um die Wirksamkeit dieser Nacht der Sinne, die durch ihre Dürre und Entblößung das göttliche Licht reichlich an-

zieht, klarer hervorzuheben, sei eine Stelle Davids angeführt, wo er bestens zeigt, wie geeignet diese Nacht ist, eine tiefe Gotteserkenntnis zu erzeugen. Er sagt: «Im wüsten, unwegsamen und wasserlosen Land erscheine ich vor dir, um deine Macht und deine Herrlichkeit zu schauen» (Ps 62,3). Es ist wahrhaft erstaunlich, wie David uns hier erkennen läßt, daß nicht die geistigen Freuden und Genüsse, die ihm zuteil geworden waren, für ihn zur Anlage und zum Mittel der Erkenntnis der Glorie Gottes geworden sind, sondern Dürre und Entblößtheit der Sinnlichkeit, die hier durch den Wüstenboden und das wasserlose Land angezeigt wird. Er deutet auch nicht an, daß für ihn das Nachdenken und die Einsichten über himmlische Dinge, was ihn oft beschäftigt hatte, ein Weg zur Erkenntnis und Beschauung der göttlichen Herrlichkeit gewesen sind, sondern viel eher sein Unvermögen, sich von Gott einen Begriff zu machen und durch Überlegungen mit der Einbildungskraft weiterzukommen, wie hier durch das «unwegsame Land» angedeutet wird. Das Mittel, Gott und uns selber kennenzulernen, ist somit die dunkle Nacht mit ihrer Trokkenheit. Jedoch ist die Fülle dieser Erkenntnis geringer als in der andern Nacht, der des Geistes, von der sie nur den Anfang bildet.

7 Noch einen weiteren Vorteil zieht die Seele aus der Trockenheit und Dürre dieser Sinnennacht: die Demut des Geistes, die das Gegenteil der ersten Hauptsünde ist, der Hoffart. Diese Demut, die aus der Selbsterkenntnis erwächst, reinigt die Seele von all den Mängeln des Stolzes, in die sie zur Zeit ihres Wohlgedeihens fiel. Denn wenn sie sich so ausgetrocknet und armselig sieht, regt sich in ihr auch nicht die Spur eines Gedankens, sie sei besser als andere oder übertreffe sie, wie das früher der Fall war; vielmehr sieht sie, daß die andern ihr überlegen sind.

8 Diese Einsicht erzeugt in ihr die Liebe zum Nächsten; sie schätzt ihn, sie urteilt nicht mehr wie früher über ihn, als

sie sich voller Eifer fand, während die andern es nicht waren. Sie betrachtet nur ihr eigenes Elend, das ihr immerfort vor Augen steht und sie hindert, auf die Fehler der andern zu achten. David hat dies wundervoll ausgedrückt, als er sich in der dunklen Nacht befand: «Ich verstummte und fühlte mich gedemütigt und schwieg über die guten Dinge, und mein Schmerz erneuerte sich» (Ps 38,3). Er drückt sich so aus, weil die Güter seiner Seele ihm so entschwunden scheinen, daß er nicht nur darüber schweigt und nichts sagen kann, sondern angesichts der andern ob seiner Armseligkeit vor Schmerz verstummen muß.

9 Ferner werden hier die Seelen auch unterwürfig und gehorsam auf den geistlichen Wegen. Angesichts ihres Elends hören sie nicht nur gern die Belehrungen anderer an, sie wünschen geradezu, daß jedermann sie belehre und unterweise. Die sinnliche Anmaßung der Zeit des Wohlergehens verschwindet, und endlich entledigen sie sich der erwähnten Unvollkommenheiten, die, wie gesagt, im Gegensatz zur ersten Hauptsünde stehen.

13. KAPITEL
WEITERE VORZÜGE, DIE DIE NACHT DER SINNE IN DER SEELE ERZEUGT

1 Was die aus der geistlichen Habsucht entstehenden Unvollkommenheiten angeht, die bald nach diesen, bald nach jenen geistlichen Dingen begehrte, wobei die Seele nie zufriedengestellt war, weder durch diese noch durch jene geistliche Übung, worin sie nach Süßigkeiten und Befriedigungen haschte, so ist sie jetzt in dieser so tiefen, dürren Nacht völlig umgestaltet. Da sie der gewohnten Genüsse beraubt ist und vielerlei Überdruß und Anfechtung erleidet, betreibt sie ihre Übungen mit soviel Mäßigung, daß sie eher durch ein Zuwenig als, wie bisher, durch Übermaß fehlen

könnte. Und doch erhält die in diese Nacht eingeführte Seele für gewöhnlich von Gott die Demut und Bereitwilligkeit zum Gehorsam, so daß sie alles Aufgetragene rein aus Liebe zu Gott und ohne empfundene Tröstung verrichtet. Und so entäußert sie sich von vielem, das ihr keinen Genuß mehr bereitet.

2 Auch bezüglich der geistigen Lüsternheit zeigt sich klar, daß die Seele durch die Dürre und den Widerwillen im sinnlichen Teil sich von den Unreinheiten befreit, von denen wir früher sprachen. Gehen diese doch, wie wir sagten, für gewöhnlich aus einem Wohlgefallen hervor, das vom Geist auf die Sinne überströmt.

3 Die Mängel betreffs die Unmäßigkeit, der vierten Hauptsünde, wovon die Seele sich in der dunklen Nacht befreit, wurden oben beschrieben, wenn dort auch nicht alle aufgeführt wurden, denn sie sind unzählbar. So übergehe ich sie hier, denn es drängt mich, mit dieser Nacht zu Ende zu kommen, um zur andern überzugehen, von der Wichtiges zu sagen sein wird. Um die vielen Vorteile zu verstehen, die die Seele außer den schon erwähnten durch den Kampf gegen die geistliche Unmäßigkeit in dieser Nacht gewinnt, genügt es zu sagen, daß sie sich von vielen schweren Übeln und von abscheulichen Lastern befreit sieht, die wir hier nicht schildern wollen, aber in die erfahrungsgemäß viele gefallen sind, weil sie das Laster der Unmäßigkeit nicht bekämpft haben. In der Tat legt Gott in der Seele, die er in die dunkle und dürre Nacht einführt, ihrer Begierlichkeit und ihrem Gelüst einen Zaum an, so daß sie sich an keiner sinnlichen Lust, sei sie feiner oder gröber, mehr erlaben kann, und er tut es solange, bis sie ihrer Begierlichkeit und Genußsucht gegenüber gefestigt, verwandelt und geschürzt dasteht. Die Begierlichkeit und deren Gelüste verlieren sich, die Seele ist wie eingetrocknet, da die früheren Begierden keinen Einfluß mehr haben; es ist geradeso, wie wenn die

Milchwege der Brust vertrocknen, da daran nicht mehr gesogen wird. Sind einmal die Begierden unterjocht, so erwachsen der Seele kraft dieser wundersamen geistlichen Nüchternheit außer den genannten Vorteilen noch weitere. Sie lebt im Frieden und in geistiger Ruhe. Denn wo kein Gelüst und Begehren mehr herrscht, ist auch nichts Verwirrendes mehr, es herrscht eitel Friede und göttlicher Trost.

4 Daraus ergibt sich ein weiterer Nutzen: ein anhaltendes Gedenken Gottes, verbunden mit der Besorgnis, auf dem geistlichen Weg rückfällig zu werden. Dieser Nutzen ist beträchtlich und keinesfalls einer der geringen inmitten dieser Trockenheit und Läuterung der Sinne, denn die Seele säubert sich von den Mängeln, die ihr aufgrund der Begierlichkeiten und Neigungen anhafteten, sie schwächten und trübten.

5 Ein weiterer großer Vorteil erwächst der Seele aus dieser Nacht: sie übt sich in allen Tugenden gleichzeitig. Da ist vor allem die ausharrende Geduld und Ergebung inmitten der Dürre und Verlassenheit, wenn es gilt, in den Frömmigkeitsübungen auszuharren, an denen man weder Trost noch Geschmack findet. Da ist ferner die Liebe zu Gott, denn man handelt nicht aufgrund von Anziehung oder Befriedigungen am Geleisteten, sondern einzig weil man Gott gefallen will. Da ist endlich die Tugend des Starkmuts, denn inmitten der Widrigkeiten und Unannehmlichkeiten, die ihrem Wirken entgegenstehen, zieht man Kraft aus seiner Schwäche selbst und wird dadurch stark. Kurz, die Seele übt sich innerhalb dieser Dürre in allen Tugenden: in den göttlichen wie den kardinalen und sittlichen, und dies leiblich wie geistig.

6 So verleiht die Nacht der Seele diese vier Vorteile: den beseligenden Frieden, das anhaltende Gedächtnis Gottes mit der Besorgtheit, ihm zu gefallen, die lautere Reinheit der

Seele, schließlich die Übung der erwähnten Tugenden. David, der sich selbst in solcher Nacht befunden hat, stellt es fest: «Meine Seele wollte sich nicht trösten lassen, da gedachte ich Gottes und fand Trost; ich mühte mich ab, und mein Geist schmachtete dahin.» Und er fügt bei: «Die Nacht hindurch betrachtete ich in meinem Herzen, ich mühte mich, meinen Geist (durchsichtig zu machen und ihn) zu läutern» (Ps 76,3-4.6), gemeint ist: von allen Anhänglichkeiten.

7 Auch von den Unvollkommenheiten der drei noch übrigen Hauptlastern, des Neides, des Zornes und der Trägheit, reinigt sich die Seele in dieser Austrocknung des Begehrens und erwirbt die entgegengesetzten Tugenden. Schmiegsam gemacht und gedemütigt im Lauf dieser widrigen Ausdörrungen wie der übrigen Anfechtungen und Prüfungen, denen Gott sie in dieser Nacht unterzieht, wird sie schmiegsam Gott, sich selbst und dem Nächsten gegenüber. Sie erregt sich nicht mehr aus Entrüstung über ihre eigenen Fehler, noch über die des Nächsten, ist mit Gott nicht mehr unzufrieden, noch beklagt sie sich ungehörig bei ihm, weil er sie nicht schneller vollkommen macht.

8 Was den Neid angeht, so verhält sie sich jetzt liebevoll zum Nächsten; bleibt ihr eine gewisse Eifersucht, so ist diese nicht mehr sündhaft wie früher, als sie sah, daß andere ihr vorgezogen wurden und mehr Tugend besaßen. Jetzt, da sie sich armselig fühlt, läßt sie ihnen gern den Vorrang. Die Eifersucht, die sie noch hegt – falls ihr solche bleibt –, ist eine tugendhafte; sie besteht im Verlangen, jene nachzuahmen, was gewiß ein Zeichen rechter Tugend ist.

9 Die Trägheit und der Überdruß an geistlichen Dingen ist jetzt nicht mehr wie ehedem schuldhaft; damals entstammte sie den geistlichen Genüssen, die der Seele manchmal zuteil wurden und deren Rückkehr sie ersehnte; jetzt sind sie nicht

mehr die Folge solch unvollkommener Gefühle, denn in der Reinigung der Sinne ist die Seele in allen Dingen Gott hingegeben.

10 Noch viele andere Vorteile außer den angeführten gewinnt die Seele aufgrund dieser trockenen Beschauung. Inmitten der Dürre und Bedrängnis kommt es vor, daß, wenn sie am wenigsten daran denkt, Gott ihr eine heilige Sanftheit, eine reine Liebe, hohe Einsichten verleiht, nützlicher und kostbarer als alle, die sie vordem empfand. Freilich schätzt die Seele sie zunächst nicht so ein, weil nämlich die geistliche Mitteilung eine überaus zarte und der Sinnlichkeit nicht wahrnehmbare ist.

11 Und schließlich: je mehr die Seele sich von sinnlichen Begierden und Trieben reinigt, desto mehr geistige Freiheit gewinnt sie, die sie allmählich mit den zwölf Früchten des Heiligen Geistes bereichert. Dadurch wird sie außerdem auf wundersame Weise den Händen ihrer drei Feinde: des Teufels, der Welt und des Fleisches entrissen. Denn ist sie einmal dem sinnlichen Begehren und Schmecken des Geschaffenen abgestorben, haben Teufel, Welt und Sinnlichkeit keine Waffe und Macht mehr wider sie.

12 Dürre also bewirkt, daß die Seele zur reinen Gottesliebe fortschreitet. Was sie tut, wird jetzt nicht mehr durch das Vergnügen an ihrem Wirken bestimmt, sondern einzig durch das Verlangen, Gott zu gefallen. Sie handelt nicht mehr aus Anmaßung oder persönlicher Befriedigung, wie es zur Zeit ihres Wohlergehens sein mochte, sie ist sich selbst gegenüber furchtsam und mißtrauisch geworden und sucht keine Befriedigung mehr bei sich selbst. Das ist die heilige Furcht, die jegliche Tugend hütet und fördert.

Dürre löscht auch, wie schon bemerkt, die heftigen Ansprüche der Natur. Wenn Gott ihr nicht zuweilen eine Tröstung gewährte, so wäre es jetzt ein Wunder, falls sie sich in ihren Werken oder geistlichen Übungen aus eigenen Kräften einen sinnlichen Geschmack oder eine Tröstung verschaffen könnte.

13 In dieser trockenen Nacht wächst das Sich-Kümmern um Gott und die Besorgtheit, ihm zu dienen. Da die Brüste der Sinnlichkeit, woran sich die Seele befriedigte, langsam versiegen, sucht sie im Trockenen und Entblößten nur noch, Gott zu Diensten zu sein, was Gott überaus wohlgefällig ist. Sagt doch David: «Ein zerknirschter Geist ist ein Opfer vor Gott» (Ps 50,19).

14 Da also die Seele erkannt hat, daß sie in dieser entblößenden Reinigung so zahlreiche kostbare Vorteile gewann, singt sie mit vollem Recht die Verse der Strophe, die wir eben erklären:

O seliges Geschick!
entfloh ich unbemerkt.

Das heißt: ich entfloh den Banden und der Sklaverei der sinnlichen Gelüste und Triebe, und zwar unbemerkt, ohne daß die drei genannten Feinde mich daran hindern konnten. Diese hielten, wie gezeigt, die Seele in Gelüsten und Genüssen wie mit Stricken gefangen, so daß sie aus eigener Kraft nicht zur Freiheit der Liebe Gottes gelangen konnte; ohne solche Stricke aber können sie der Seele nichts antun.

15 So hat nunmehr beständige Abtötung die vier Leidenschaften: Freude, Schmerz, Hoffnung und Furcht, zur Ruhe gebracht, die dauernde Dürre hat die natürlichen Begierden eingeschläfert und der Einklang der Sinne und innern Seelenkräfte hat sich dadurch hergestellt, daß die diskursiven Tätigkeiten aufhören, dieses ganze Volk, das die niederen Teile der Seele bewohnt, die der Herr seine Wohnung nennt, mit den Worten:

Da nun mein Haus in Ruhe lag.

14. KAPITEL
DEUTUNG DES LETZTEN VERSES DER ERSTEN STROPHE

1 Da nun dieses Haus der Sinnlichkeit beruhigt ist, nämlich durch die Nacht der sinnlichen Läuterung die Leidenschaften ertötet, die Begierden beschwichtigt und eingeschläfert wurden, entwich die Seele, um sich auf den Weg des Geistes zu begeben, den der Fortschreitenden und Fortgeschrittenen, den man auch Weg der Erleuchtung oder der eingegossenen Beschauung nennt. Gott selber weidet und fördert die Seele hier, während in ihr jeder Diskurs und jedes Mitwirken unterbleibt. Darin lag ja, wie erklärt, für die Seele die reinigende Nacht der Sinne. Diese Nacht ist bei denen, die nachher in die tiefere des Geistes einzutreten haben, um zur Liebeseinigung mit Gott hinzugelangen (aber gewöhnlich treten nicht alle, sondern nur sehr wenige darin ein), voll großer Mühsale und sinnlicher Versuchungen, die aber bei den einzelnen nicht gleich lange dauern. Einigen naht der Satansengel, der Geist der Unzucht, um sie mit heftigen und abscheulichen Versuchungen zu quälen, er verwirrt ihren Geist mit häßlichen Gedanken, ihre Einbildungskraft mit lebhaften Vorstellungen, was zuweilen eine größere Qual ist als der Tod.

2 Andere Male gesellt sich in der Nacht auch der Geist der Gotteslästerung bei, der alle ihre Begriffe und Gedanken mit unerträglichen Blasphemien erfüllt und sie zuweilen der Phantasie so lebendig einschmeichelt, daß er sie zu ihrer Pein beinah zwingt, sie auszusprechen.

3 Dann wieder überfällt sie ein anderer abscheulicher Geist, den Jesaja als «Geist des Schwindels» bezeichnet (19,14), nicht um die Seelen zu stürzen, sondern um sie zu prüfen und zu stärken. Dieser verdunkelt derart die Sinne und erfüllt den Verstand mit tausend Skrupeln und Rat-

losigkeiten, daß sie sich mit nichts zufriedengeben und ihr Urteil dem Rat und der Ansicht anderer nicht unterwerfen können. Das ist eine der schwersten und erschreckendsten Anfechtungen, schon sehr nah dem, was sich in der Nacht des Geistes ereignet.

4 Solche Stürme und Widrigkeiten schickt Gott in der Nacht der Sinnesreinigung denen, die er später in die Nacht des Geistes einführt, auch wenn nicht alle dazu übergehen. So gepeinigt und geprügelt werden ihre Sinne und Seelenkräfte eingeübt und fügsam gemacht und gegerbt auf die bevorstehende Einigung mit der Weisheit. Denn solange die Seele nicht durch Anfechtungen und Mühsale erprobt und geprüft ist, kann sie ihren Sinn nicht für die Weisheit bereithalten. Deshalb sagt das Buch Jesus Sirach: «Wer nicht versucht wurde, was weiß der? Und wer nichts durchgemacht hat, kennt wenig» (Sir 34,9–10). Die gleiche Wahrheit bezeugt Jeremia: «Du hast mich gezüchtigt, Herr, und ich erhielt Unterweisung» (31,18). Die angemessenste Art der Züchtigung für den Eingang in die Weisheit sind die genannten innern Züchtigungen, denn sie läutern das Gefühl am wirksamsten von allen Genüssen und Tröstungen, mit denen die Seele ob ihrer natürlichen Schwäche behaftet war, und durch sie wird sie auf die kommende Erhöhung hin gedemütigt.

5 Wie lange aber die Seele in diesem Fasten und Büßen der Sinne aushalten muß, läßt sich nicht mit Sicherheit bestimmen. Auch werden nicht alle den gleichen Anfechtungen und Prüfungen unterzogen. Gott bestimmt diese nach seinem Willen, entsprechend dem Grad der Unvollkommenheiten, die überwunden werden müssen; aber auch entsprechend dem Grad der Liebe, zu dem er die einzelnen erheben will, sendet er ihnen tiefere oder weniger tiefe Demütigungen, über längere oder kürzere Zeit. Wer zum Leiden geeigneter und kräftiger ist, wird gründlicher und

rascher gereinigt. Die Schwächeren werden in dieser Nacht der Sinne weit weniger angefochten und geprüft, doch verharren sie lange darin. Wenn sie einige sinnliche Tröstungen erhalten, so damit sie nicht abfallen, sie gelangen erst spät zur vollkommenen Reinheit, manche erreichen sie nie. Sie befinden sich imgrunde nie vollkommen in der Nacht und nie ganz außerhalb derselben. Sie kommen nicht voran, aber damit sie sich in Demut und Selbsterkenntnis erhalten, prüft Gott sie eine Zeitlang durch Erfahrungen der Dürre und durch Versuchungen, indem er ihnen von Zeit zu Zeit mit Tröstungen zu Hilfe kommt, damit sie den Mut nicht verlieren und sich nicht zur Welt zurückwenden.

Andern noch schwächeren Seelen scheint Gott sich zu entziehen und sich vor ihnen zu verbergen, um sie anzustacheln, ihn zu lieben, denn ohne solche Entfremdung würden sie nicht lernen, sich ihm zu nähern.

6 Die Seelen hingegen, die zum seligen und erhabenen Stand der Liebeseinigung gelangen sollen, müssen, auch wenn Gott sie rasch erhebt, für gewöhnlich erfahrungsgemäß sehr lange in Dürre und Anfechtung ausharren.

Doch nun ist es Zeit, mit der Behandlung der zweiten Nacht anzuheben.

II. BUCH

DIE DUNKLE NACHT DES GEISTES

I. KAPITEL
BEGINN DER ABHANDLUNG ÜBER DIE DUNKLE NACHT DES GEISTES. ZEIT IHRES BEGINNS

1 Nicht sogleich nach dem Ende der Dürre und der Anfechtungen der ersten wird die Seele, die Gott höher erheben will, in die Nacht des Geistes eingeführt. Vielmehr vergeht eine lange Zeit, zuweilen verfließen Jahre, worin die Seele, die den Stand der Anfänger verlassen hat, sich in dem der Fortschreitenden übt. Gleich einem, der einem engen Kerker entronnen ist, schreitet sie nunmehr in den göttlichen Dingen mit weit größerer Freiheit und Befriedigung und auch mit reicherer, tieferer Freude einher als in den Anfängen, ehe sie die erwähnte dunkle Nacht betrat. Ihre Phantasie und anderen Kräfte sind nicht mehr, wie damals, gehemmt durch Bande des Räsonnierens und geistlicher Besorgnis. Mit großer Leichtigkeit findet sie in sich eine sanfte, liebevolle Beschauung sowie ein geistliches Schmekken, ohne sich in Diskursen abmühen zu müssen.

Dennoch ist die Läuterung der Seele noch nicht vollendet; es fehlt noch die Hauptsache, die Läuterung des Geistes, ohne welche – da beide als Teile eines gleichen Menschen eng miteinander verbunden sind – eine noch so gründliche Reinigung der Sinne nicht abgeschlossen oder vollkommen sein kann. Deshalb wird die Seele manchmal gewisse Nöte, Dürren, Dunkelheiten und Ängste durchmachen, die sogar intensiver sein können als die vorausgehenden, sind sie doch wie Vorboten und Vorzeichen der nahenden Nacht des Geistes. Sie dauern aber weniger lang als diese erwartete Nacht. Sobald man sich einige Stunden oder Tage inmitten dieses Dunkels oder Sturmes befunden hat, stellt sich die gewohnte innere Heiterkeit wieder her. Dergestalt läutert Gott manche Seelen, die keine so hohe Stufe der Liebe erreichen sollen wie die andern; er versetzt sie zeitweise und mit Unterbrechungen in diese Nacht der Beschauung oder geistlichen Läuterung, er läßt sie oftmals von der Nacht zum Tag übergehen. So erfüllt sich, was David sagt: Gott «sendet seinen Kristall (das heißt seine Beschauung) wie in kleinen Brocken» (Ps 147, 17). Freilich sind diese kleinen Brocken der Beschauung nie so wirksam wie die schauerliche Nacht der Beschauung, von der wir im folgenden handeln müssen, in die Gott die Seele taucht, um sie zur Einigung mit ihm zu erheben.

2 Den innern Geschmack und Genuß, wovon hier die Rede ist und den die Fortschreitenden reichlicher und leichter in sich verkosten, gewinnen sie mit größerer Fülle als vordem, auch strömt er fühlbarer auf den sinnlichen Teil über als vor der Reinigung der Sinne. Je mehr in der Tat die Sinne geläutert sind, umso befähigter sind sie auch, auf ihre Art die Wonnen des Geistes zu verspüren. Da aber schließlich der sinnliche Teil der Seele schwach und unfähig ist, die starken Eindrücke des Geistes zu ertragen, so verspüren die Fortschreitenden in diesem Teil mannigfache Schwächen und Schmerzen, Magenbeschwerden und als Folge davon auch geistige Ermüdung. Der Weise drückt das so aus: «Der vergängliche Leib beschwert den Geist» (Wh 9, 15). Daher können diese Mitteilungen nie sehr stark, intensiv und geistig sein, nie so, wie es für die Liebeseinigung mit Gott erfordert wäre; haben sie doch Teil an der Schwäche und Verweslichkeit des Sinnlichen. Hieraus erklären sich die Verzückungen, Herzkrämpfe und Knochenverrenkungen, die jeweils dann eintreten, wenn diese Mitteilungen nicht rein geistig, das heißt dem Geist allein zugedacht sind, wie dies bei den Vollkommenen, die durch die zweite Nacht

geläutert sind, der Fall ist. Bei ihnen haben diese Verzükkungen und körperlichen Peinen ein Ende, sie genießen die Freiheit, ohne in ihren Sinnen verdunkelt oder versetzt zu sein.

3 Damit man erkenne, wie nötig es für die Fortschreitenden ist, in die Nacht des Geistes einzutreten, sollen hier einige ihrer Unvollkommenheiten und Gefährdungen geschildert werden, denen sie ausgesetzt sind.

2. KAPITEL
EINIGE UNVOLLKOMMENHEITEN DER FORTSCHREITENDEN

1 Mit zweierlei Arten von Unvollkommenheiten sind die Fortschreitenden behaftet: die einen sind zuständlich, die andern akthaft. Die zuständlichen sind fehlerhafte Anhänglichkeiten und Angewöhnungen, die ihre Wurzeln im Geist haben, wohin die Nacht der Sinnesläuterung nicht hindringen konnte. Zwischen den beiden Formen der Läuterung besteht derselbe Unterschied wie zwischen der Entwurzelung eines Baumes und dem Beschneiden seiner Äste, oder wie zwischen der Entfernung eines frischen Flecks und der eines schon alt eingefressenen. Denn wie schon gesagt: die Läuterung der Sinne ist nur Pforte und Beginn der Beschauung auf die des Geistes hin und dient, wie ebenfalls schon erwähnt, mehr dazu, die Sinne dem Geist als den Geist Gott anzugleichen. Dem Geist haften nämlich noch die Flecken des alten Menschen an, auch wenn er es nicht bemerkt und nicht sieht. Werden diese nicht mit der Seife und der scharfen Lauge der Reinigung dieser Nacht entfernt, so vermag der Geist nicht zur Lauterkeit der Einigung mit Gott zu gelangen.

2 Solche Menschen leiden auch an der Stumpfheit des Geistes und der naturhaften Ungeschliffenheit jedes Sün-

ders; sie sind zerstreut und äußern Dingen zugewandt. Daher bedürfen sie der Klärung, der Erleuchtung und Sammlung, was durch die Pein und Angst dieser Nacht hindurch erfolgt. Mit solchen zuständlichen Unvollkommenheiten sind alle behaftet, solange sie im Stand der Fortschreitenden sind; erst mit dem vollendeten Stand der Liebeseinigung sind sie unvereinbar.

3 In akthafte Fehler hingegen fallen nicht alle in gleicher Weise. Einige geraten, da sie diese geistlichen Güter allzu äußerlich und vom Sinnenhaften her auffassen, in größere Schwierigkeiten und Gefahren als die Vorgenannten. In den Sinnen und im Geist erfahren sie eine Menge Mitteilungen und Einsichten, die sich oft zu bildhaften oder geistigen Visionen steigern. Gar vielen in diesem Stand widerfährt solches mitsamt andern Wonnegefühlen, wobei der Dämon und die eigene Phantasie die Seelen recht häufig täuschen. Der Dämon betäubt und täuscht sie durch die mit soviel Lustgefühlen eingeflößten Vorstellungen und Erfahrungen deshalb so leicht, weil sie keine Vorsicht walten lassen, sich nicht zum Verzicht entschließen und im Glauben kräftig dagegen zur Wehr setzen. Desgleichen pflegt der Dämon solchen eitle Visionen und falsche Prophezeiungen einzugeben und sie im Wahn zu bestärken, Gott oder die Heiligen hätten mit ihnen geredet, während sie häufig nur ihrer Phantasie folgen. Dann erfüllt sie der Dämon mit Anmaßung und Hochmut, so daß sie sich in ihrer Eitelkeit und ihrem Dünkel in äußern Akten sehen lassen, die als Zeichen der Heiligkeit gelten, wie Ekstasen und andern ähnlichen Zuständen. So werden sie Gott gegenüber anmaßend und verlieren die heilige Furcht, den Schlüssel und Wächter aller Tugend. Und manche häufen so viele Betrügereien in sich auf und verhärten sich so sehr darin, daß ihre Rückkehr auf den reinen Weg der Tugend und des wahrhaftigen Geistes höchst zweifelhaft erscheint. In solches Elend sind sie deshalb geraten, weil sie sich zu Beginn des Weges mit über-

großer Sicherheit ihren Einbildungen und Gefühlen überließen.

4 Noch vieles hätte ich über die Unvollkommenheiten dieser Leute zu sagen, und wieviel schwerer sie heilbar sind, da man sie für heiliger hält als die ersten, doch will ich davon abstehen. Nur das füge ich noch bei, um die Notwendigkeit dieser Nacht für die zu begründen, die voranmachen sollen: so tüchtig sich einer auch zeigt, es findet sich keiner, der nicht viele dieser natürlichen Neigungen und zuständlichen Unvollkommenheiten besäße, die unbedingt zu reinigen sind, will man zur Einigung mit Gott gelangen.

5 Ferner ist, wie gesagt, zu beachten, daß, da der niedrige Teil noch Anteil an den geistigen Erfahrungen erhält, diese nie so intensiv, rein und kräftig sein werden, wie die Einigung es erfordert. Aus diesem Grund muß die zur Einigung bestimmte Seele die zweite Nacht, die des Geistes, betreten, wo Sinne und Geist von allen Wahrnehmungen und sinnlichen Wonnen entblößt werden; sie muß im Finstern wandeln und in der Reinheit des Glaubens; ist doch der Glaube das angemessene Mittel für die Einigung der Seele mit Gott, gemäß dem Wort Hoseas: «Ich werde dich mir im Glauben vermählen» (2,20).

3. KAPITEL
ANMERKUNG FÜR DAS FOLGENDE

1 Da nun die Fortschreitenden in der vorausgehenden Zeit ihre Sinne mit süßen Mitteilungen genährt haben, wurde der sinnliche Teil vom Genuß, der vom Geist ausging, so angezogen und seiner Erfahrungsweise angeglichen, daß er sich dem Geist vereinte und sich ihm anpaßte. Beide haben je auf ihre Art die gleiche Speise genossen, aus der gleichen Schüssel gegessen als ein und dieselbe Person. Beide sind somit

einig und bilden gleichsam ein Selbes und erwarten nunmehr die schwere und harte Reinigung des Geistes. Hier sollen beide Seelenteile, der geistige und der sinnliche, vollständig geläutert werden, denn die Läuterung des einen vollzieht sich nie gründlich ohne die des andern, und die der Sinne ist nicht ernsthaft, wenn die des Geistes nicht wenigstens begonnen ist. Deshalb sollte und müßte die Nacht der Sinne eher als eine gewisse Reform und Inzuchtnahme des Triebes denn als dessen Läuterung bezeichnet werden. Der Grund dafür ist, daß alle Fehler und Unordnungen des sinnlichen Teils ihre Wurzel im Geist haben; von dort erhalten sie ihre Kraft, bilden sich die guten oder schlimmen Gewohnheiten, und solange diese nicht gereinigt sind, können es die Widerstände und Laster der Sinne auch nicht vollends sein.

2 In dieser Nacht reinigen sich deshalb beide Teile gleichzeitig, und das ist auch der Grund, weshalb der sinnliche Teil die umgestaltende Kraft der ersten Nacht erleiden und die dadurch erlangte Ruhe erreichen mußte, um nunmehr, dem Geist geeint, in gewisser Weise mit diesem zusammen sich zu reinigen und mit mehr Standhaftigkeit die kommenden Leiden zu ertragen. Für eine so gründliche und harte Läuterung ist dies die Voraussetzung: wäre der niedrige Teil nicht zuerst gereinigt worden und hätte er in den sanften und seligen Mitteilungen Gottes nicht den nötigen Mut geschöpft, so wäre er für ein solches Leiden nie vorbereitet gewesen und hätte die Kraft dazu nicht gehabt.

3 Darum steht die Art, wie diese Fortschreitenden mit Gott umgehen, noch auf einer niedrigen, naturhaften Stufe; das Gold des Geistes ist noch ungeläutert und entbehrt des Glanzes. Sie verstehen die Dinge Gottes noch wie kleine Kinder und sprechen über Gott wie kleine Kinder, sie schmecken und fühlen Gott wie kleine Kinder – entsprechend den Worten des hl. Paulus (1 Kor 13,11). Denn sie

sind noch nicht zur Vollendung gelangt, zur Einigung der Seele mit Gott, wodurch man erwachsen wird und im Geiste Großes vollführt, so daß – wie später zu sagen sein wird – Taten und Vermögen mehr göttlich als menschlich sind. Solchen will Gott den alten Menschen aus- und den neuen anziehen, der gemäß Gott in der Neuheit des Sinnes geschaffen ist», wie der Apostel sagt (Kol 3,10). Gott entblößt ihnen die Vermögen, Empfindungen und Gefühle, die geistigen wie die sinnlichen, die äußern wie die innern, indem er den Verstand verfinstert, den Willen ausdörrt und das Gedächtnis leert, die Neigungen der Seele in äußerste Betrübnis, Bitterkeit und Angst stürzt und sie alles früheren Fühlens und Genießens geistiger Güter beraubt. Und diese Beraubung soll eine der Grundbedingungen sein, damit der Geist geeint werde und die geisthafte Gestalt des Geistes erhalte, nämlich die Einigung der Liebe. Dies alles wirkt der Herr in der Seele mittels der reinen dunkeln Beschauung, wie sie dies in der ersten Strophe andeutet. Wenn diese auch schon anläßlich der ersten Nacht der Sinne erklärt worden ist, so versteht die Seele sie doch vornehmlich von der zweiten des Geistes, da diese der wichtigere Teil ihrer Läuterung ist. Deshalb setzen wir sie nochmals hin und erklären sie neu.

4. KAPITEL
DIE ERSTE STROPHE WIRD WIEDERHOLT UND ERKLÄRT

In einer dunklen Nacht,
entflammt von Liebessehnen,
o seliges Geschick!
entfloh ich unbemerkt,
da nun mein Haus in Ruhe lag.

1 Diesmal verstehen wir die Strophe von der Reinigung, Beschauung, vom Entblößtsein und der Armut des Geistes, was hier alles beinah das gleiche besagt. Nun können wir sie

so erklären, als spräche die Seele: in der Armut und Hilflosigkeit und Entblößung all meiner Gedanken, in der Finsternis meines Verstandes, der Ängstlichkeit meines Willens, in der Betrübnis und im Gram meines Gedächtnisses habe ich mich in der dunklen Nacht all meiner natürlichen Fähigkeiten blindlings dem nackten Glauben überlassen; einzig mein Wille war in Schmerz und Betrübnis von Sehnsucht nach der Liebe Gottes erfüllt. So ging ich aus mir selber aus, das heißt aus meiner eigenen armseligen Erkenntnisweise, meiner lauen Art zu lieben, meinem armen und dürftigen Schmecken Gottes, ohne daß meine Sinnlichkeit noch der Dämon mich daran hinderten.

2 Das war ein großes Glück und ein seliges Geschick für mich. Denn meine Vermögen, Leidenschaften, Neigungen, Anhänglichkeiten, die mir ein niedriges Fühlen und Schmecken Gottes verschafften, wurden beschwichtigt und eingeschläfert, und ich entwich meiner dürftigen menschlichen Wirkweise, um eine göttliche Wirkweise aufzunehmen: mein Verstand also ging aus sich selber aus und wurde aus einem menschlich-natürlichen zu einem göttlichen. Denn aufgrund dieser Läuterung sich Gott einigend, erkennt er nicht mehr durch seine natürliche Kraft und sein Licht, sondern durch göttliche Weisheit, mit der er sich verband. Und mein Wille ging aus sich aus und wurde vergöttlicht; sich Gott einigend liebt er nicht mehr auf niedrige Art durch die Kraft der Natur, vielmehr in der Kraft und Reinheit des Heiligen Geistes, so daß er in bezug auf Gott nicht mehr nach menschlicher Art wirkt. Und nicht anders befaßt sich das Gedächtnis mit Gehalten der glorreichen Ewigkeit. Kurz, alle Vermögen und Neigungen der Seele sind vermittels dieser Nacht, die den alten Menschen läutert, erneuert zu den Gestimmtheiten und Freuden der Gottheit hin.

Es folgt der Vers:

In einer dunklen Nacht.

5. KAPITEL
BEGINN DER ERKLÄRUNG, INWIEFERN DIE DUNKLE BESCHAUUNG FÜR DIE SEELE NICHT BLOSS NACHT, SONDERN PEIN UND QUAL IST

1 Diese dunkle Nacht ist ein Wirken Gottes in der Seele, das sie von ihrem zuständlichen natürlichen und geistigen Unwissen und ihren Fehlern läutert. Die Kontemplativen bezeichnen sie als eingegossene Beschauung oder mystische Theologie. In ihr unterweist Gott die Seele und belehrt sie über die Vollkommenheit der Liebe, ohne daß sie dabei mitwirkte oder auch nur verstünde, wie diese eingegossene Beschauung vor sich geht. Sofern sie die liebende Weisheit Gottes ist, bringt Gott selbst die wesentlichen Wirkungen in der Seele hervor, bereitet sie durch reinigende und erleuchtende Tätigkeit vor auf die Liebeseinigung mit ihm. Die gleiche liebende Weisheit, die die Himmlischen beseligt und erleuchtet, reinigt und erleuchtet auch die Seele.

2 Weshalb aber, wird man fragen, nennt die Seele dieses göttliche Licht, das sie erleuchtet und von ihrem Unwissen reinigt, hier die dunkle Nacht? Darauf ist zu antworten, daß die göttliche Weisheit aus zwei Gründen nicht nur Nacht, sondern Pein und Qual genannt wird. Der erste ist die Erhabenheit der göttlichen Weisheit, die die Fassungskraft der Seele übersteigt, und in dieser Hinsicht ist sie für diese peinvoll, schmerzhaft und dunkel.

3 Um den ersten Grund zu beweisen, ziemt es sich, eine Lehre des Philosophen in Erinnerung zu rufen, der da sagt: Je heller und einsichtiger die göttlichen Dinge in sich selber sind, umso dunkler und verborgener sind sie naturgemäß der Seele; es ist wie mit dem Licht: je heller es ist, desto mehr verdunkelt es das Auge der Nachteule. Und je mehr man ins volle Sonnenlicht schaut, desto mehr verdunkelt sich die eigene Sehkraft, ja man wird, weil das überschweng-

liche Licht ihre Schwäche übertrifft, ihrer sogar beraubt. Wenn daher das göttliche Licht der Beschauung in eine nicht völlig erleuchtete Seele eintritt, verursacht es geistige Finsternis, denn es übersteigt sie nicht nur, sondern beraubt und verdunkelt auch ihren natürlichen Erkenntnisakt.

Darum nennen der hl. Dionysius und andere mystische Theologen die eingegossene Beschauung «Strahl der Finsternis», nämlich für die noch nicht erleuchtete und geläuterte Seele, denn durch ihr gewaltiges übernatürliches Licht wird die natürliche Macht des Verstandes überwältigt und ihrer selbst beraubt. Deshalb sagt David: «Gewölk und Dunkel ist rings um Gott» (Ps 96, 2); nicht als ob es für Gott so wäre, sondern bezüglich unseres schwachen Verstandes, der angesichts so unermeßlichen Lichtes, dem er nicht gewachsen ist, geblendet und getrübt wird. Derselbe David erklärt das mit den Worten: «Beim Glanz seiner Gegenwart schoben sich Wolken dazwischen» (Ps 17, 15), sie traten zwischen unsern Verstand und Gott. Denn wenn Gott den hellichten Strahl seiner heimlichen Weisheit auf eine noch unverwandelte Seele niederfahren läßt, entsteht nächtliche Finsternis im Verstand.

4 Daß aber die dunkle Beschauung für die Seele am Anfang peinvoll ist, ist klar: denn da diese von Gott eingegossene Beschauung von höchster Erhabenheit ist, während die noch ungereinigte Seele äußerst elend ist, versteht sich, daß sie, da zwei Gegensätze sich im gleichen Subjekt nicht vertragen, notwendig gepeinigt und gequält wird, ist sie doch selbst das Subjekt, worin sich die Gegensätze feindlich begegnen, und ihr Leiden hat seinen Grund in der Reinigung, die die Beschauung an ihren Unvollkommenheiten vollzieht. Wir wollen dies durch ein Schlußverfahren folgendermaßen beweisen:

5 Erstens: da das Licht oder die Weisheit dieser Beschauung sehr klar und sehr lauter ist, die empfangende

Seele dagegen dunkel und unrein, so folgt, daß die Seele beim Empfang dieses Lichtes viel leiden muß. Nicht anders verhält es sich, wenn das Auge krank oder schwach oder trübe ist: wird es von einem blendenden Licht getroffen, so muß es leiden. Das Leiden einer unreinen Seele aber, von der das göttliche Licht wahrhaft Besitz ergreift, ist unendlich. Denn wenn dieses lautere Licht in sie einbricht, so um ihre Unlauterkeit zu vertreiben; dann erkennt sich die Seele als so unsauber und erbärmlich, daß ihr vorkommt, Gott erhebe sich gegen sie, und sie selbst erhebe sich gegen Gott, sie wird so sehr gepeinigt und betrübt, daß sie meint, von Gott verstoßen zu sein. Sie erfährt eine der schrecklichsten Qualen, die Ijob erlebte, da er sprach: «Warum hast du mich dir zum Gegensatz gestellt, so daß ich mir selber zu einer Last geworden bin?» (7,20). Denn obschon die Seele sich jetzt im Finstern befindet, sieht sie aufgrund dieses reinen Lichtes ihre eigene Unreinheit und erkennt deutlich, daß sie weder Gottes noch irgendeiner Kreatur würdig ist. Am meisten bedrückt sie der Gedanke, daß sie Gottes nie würdig sein wird und daß ihre Möglichkeiten zum Guten erschöpft sind. Ist doch ihr ganzer Verstand eingetaucht in die Einsicht und das Fühlen ihrer Bosheit und ihres Elends. Jetzt entdeckt sie dies unter dem göttlichen dunkeln Licht aufs allerklarste, und es ist ihr evident, daß sie aus sich nichts anderes haben kann. Diesen Sinn können wir auch dem Ausspruch Davids geben: «Du hast den Menschen ob seiner Bosheit gestraft, und hast seine Seele hinsiechen lassen wie die Spinne (die sich selbst erschöpft)» (Ps 38,12).

6 Die zweite Art, wie die Seele leidet, stammt von der natürlichen und sittlichen und geistlichen Schwachheit ihres Wesens. Wenn die göttliche Beschauung sie irgendwie heftig überfällt, um sie zu festigen und allmählich zu beherrschen, leidet diese an ihrer Schwäche so sehr, daß sie zu vergehen meint, zumal wenn sie zuweilen härter angefaßt wird. Sinne und Geist werden dann gleichsam von einer un-

geheuren unsichtbaren Last erdrückt und geraten in solche Todesangst, daß ihnen der Tod als Erleichterung und Gunst erscheint. Der Prophet Ijob, der diesen Zustand erfahren hat, sagt: «Ich will nicht, daß er in der Fülle seiner Kraft gegen mich streitet, damit er mich nicht mit der Last seiner Größe erdrücke» (23,6).

7 Die Gewalt dieses Druckes und dieser Last liegt derart auf der Seele, daß sie meint, aus jeder Gnade herausgefallen zu sein, sie ist überzeugt – und mit Recht – alles, was ihr ehemals Stütze war, sei ihr mit allem übrigen entschwunden, und niemand fühle mit ihr Mitleid. Hierüber hat nochmals Ijob gesagt: «Erbarmt euch meiner, wenigstens ihr, meine Freunde, denn die Hand des Herrn hat mich geschlagen» (19,21). Man muß wahrhaft mit tiefem Erstaunen feststellen: so schwach und unrein ist die Seele, daß sie die Hand des Herrn als sehr große Last und ihrem Wesen ganz entgegengesetzt auf sich fühlt, während sie doch an sich sanft und mild ist, daß er sie nur berühren, nicht belasten will, und dies aus Barmherzigkeit, denn er hat nur ein Ziel: ihr Gnade zu erweisen und nicht sie zu züchtigen.

6. KAPITEL
ANDERE ARTEN DER PEIN, DIE DIE SEELE IN DIESER NACHT ERDULDET

1 Die dritte Art von Leiden und Pein, die die Seele hier erduldet, gründet auf dem Zusammentreffen der beiden Extreme in ihr: des Göttlichen und des Menschlichen. Das Göttliche ist die läuternde Beschauung, während das Menschliche die Seele ist. Das Göttliche ergreift sie, um sie zu erneuern und zu vergöttlichen; es entblößt sie ihrer zuständlichen Neigungen und der Gewohnheiten des alten Menschen, an denen sie innigst hing, mit denen sie wie zusammengeschmolzen und im Einklang war. So zermürbt

und zerstört Gott die Geistsubstanz der Seele und verabgründet sie in so tiefe und schwarze Finsternis, daß sie sich angesichts ihres Elends vernichtigt und in einen geistigen Tod hinein verohnmächtigt fühlt. Ihr ist, als werde sie von einem Untier verschlungen in seinen finsteren Bauch hinein, wo sie sich wie verdaut fühlt. Sie steht die gleichen Ängste aus wie Jona im Bauch des Seeungeheuers (2,1). Und es ziemt sich für sie, in diesem finsteren Tod zu verharren bis zur erhofften geistigen Auferstehung.

2 Die Art dieser Qualen und Leiden, die in Wahrheit alles übertreffen, beschreibt David folgendermaßen: «Die Schmerzen des Todes umgaben mich, ... die Qualen der Hölle umfingen mich... In meiner Not rief ich den Herrn an und schrie zu meinem Gott» (Ps 17,5–7). Was aber die gequälte Seele am meisten fühlt, ist die Evidenz, daß Gott sie verworfen hat, daß er sie verabscheut, sie in die Finsternis verstoßen hat; dieses Überzeugtsein von Gottverlassenheit ist für sie eine höchste Qual und jedes Mitleids wert. David, der sie tief erfahren hat, sagt: «Ich war gleich den Erschlagenen, die in den Gräbern ruhen, die von deiner Hand verstoßen sind und derer du nicht mehr gedenkst. Sie senkten mich in die unterste Grube, in die Finsternisse und Todesschatten. Dein Grimm lastet endgültig auf mir, alle deine Wogen führtest du über mich» (Ps 87,6.8). Denn in Wahrheit: wenn die Seele von dieser läuternden Beschauung erfaßt wird, fühlt sie aufs lebendigste die Todesschatten, Todesseufzer und Qualen der Hölle. Denn sie fühlt sich gott-los, von Gott gestraft und verworfen, Gegenstand seines Unwillens und Zornes. Alles das fühlt die Seele; und mehr noch: es kommt ihr vor, daß dieser Zustand ewig dauern wird.

3 Dabei meint sie, von allen Geschöpfen ebenso verlassen und verachtet zu sein. Deshalb fährt David sogleich fort: «Du hast alle meine Freunde und Bekannten von mir ent-

fernt, sie machten mich zu einem Gegenstand des Abscheus für sich» (Ps 87,9). Jona kann das alles, das er körperlich wie geistig im Bauch des Seeungeheuers erlitt, treffend schildern: «Du hast mich in die Tiefen, in das Herz des Meeres geschleudert und die Strömung umgab mich, alle deine Fluten und Strudel rauschten über mich hin. Da sprach ich: Verstoßen bin ich vom Anblick deiner Augen, doch werde ich deinen heiligen Tempel wiederschauen (das sagt er, damit Gott seine Seele reinige, auf daß er ihn wiedersehe); die Wasser umgaben mich bis an die Seele, die Tiefe umschloß mich, das Meer bedeckte mein Haupt, zu den untersten Enden der Berge bin ich hinabgesunken, der Erde Riegel haben sich über mir geschlossen» (Jon 2,4–7). Diese Riegel bedeuten hier die Unvollkommenheiten der Seele, die sie hindern, den Wohlgeschmack dieser Beschauung zu verspüren.

4 Die vierte Art der Pein wird in der Seele durch einen andern Vorzug der dunklen Beschauung hervorgebracht, nämlich den ihrer Majestät und Erhabenheit, angesichts derer der Seele der Gegenpol bewußt wird: ihre innerste Armut und ihr Elend: eine der hauptsächlichsten Qualen, die sie in dieser Läuterung erduldet. Sie fühlt in der Tat eine letzte Entbehrung von dreierlei Gütern, die ihrem Glück zugestaltet sind: den zeitlichen, den natürlichen und den geistlichen, und sieht sich inmitten der entgegengesetzten Übel: ihrer armseligen Unvollkommenheit, der Dürre und Ohnmacht ihrer Vermögen, etwas zu erfassen, wobei der Geist im Dunkeln verlassen ist. Da Gott nämlich jetzt die sinnliche und geistige Substanz der Seele so wie ihre innern und äußern Vermögen läutert, ist es richtig, daß sie in all diesen Teilen leer, bedürftig und verlassen ist und sich dürr, ausgehöhlt und im Finstern fühlt. Das Sinnliche läutert sich in der Dürre, die Vermögen in der Leere des Nicht-fassen-Könnens und der Geist in der vollen Finsternis.

5 All dies bringt Gott durch die dunkle Beschauung hervor. Die Seele leidet dann in ängstlichen Schmerzen nicht bloß an der Leere und an der Suspension und dem Entzug ihrer natürlichen Stützen und ihrer Meinungen – wie wenn jemand aufgehängt in der Luft schweben würde und des Atems beraubt wäre –, sie leidet außerdem daran, daß Gott sie wie ein Feuer läutert, das Schlacken und Rost des Metalls tilgt: er vernichtet, verjagt und zerstört in ihr alle unvollkommenen Anhänglichkeiten und Gewohnheiten, die sie im Lauf ihres Lebens erwarb. Weil jedoch diese Fehler tief in der Substanz der Seele wurzeln, pflegen zur erwähnten naturhaften und geistlichen Armut und Entblößung noch weitere innere Ohnmachtsgefühle und Qualen hinzuzukommen. So bewahrheitet sich der Ausspruch Ezechiels: «Legt die Knochen zuhauf, ich will sie im Feuer verbrennen, das Fleisch soll verzehrt, das ganze Gebilde zerkocht werden und das Gebein zergehen» (24,10). Man ersieht daraus, was für Qualen die Seele in der Entleerung und Verarmung ihrer sinnlich-geistigen Substanz erduldet. Derselbe Prophet sagt weiter hierzu: «Setze sie auch nackt auf glühende Kohlen, daß ihr Erz sich erhitze und verflüssige, daß ihr innere Unlauterkeit wegschmelze und ihr Rost verzehrt werde» (24,10–11). Damit wird die unsägliche Pein der Seele beschrieben, wenn sie vom Feuer dieser Beschauung gereinigt wird. Sagt doch der Prophet, die Seele müsse, um den Rost der in ihr waltenden Neigungen abzulösen und loszuwerden, sich gleichsam vernichten und zerstören, da ihr diese Leidenschaften und Mängel wie zur zweiten Natur geworden sind.

6 Dieser Feuerofen dient also dazu, die Seele wie Gold in der Esse zu läutern, gemäß dem Wort des Weisen: «Wie Gold in der Esse hat er sie geprüft» (Wh 3,6). Die Seele verspürt diese gewaltige Zerstörung bis in ihre Substanz hinein und gelangt zu einer äußersten Entblößung, wie man aus den Worten Davids, die er an Gott über sich selbst

richtet, ersehen kann: «Rette mich, Gott, denn die Wasser dringen mir bis an die Seele. Ich stecke in tiefem Schlamm und finde keinen festen Grund, ich bin in die Abgründe des Meeres geraten, der Sturm hat mich untergetaucht. Ich habe mich müde geschrien, meine Kehle ist heiser, meine Augen sind es leid, nach meinem Gott Ausschau zu halten» (Ps 68, 2.4). Hier demütigt Gott die Seele zutiefst, um sie später ebensosehr zu erhöhen; aber sorgte er nicht dafür, daß diese Erfahrungen, sobald sie gemacht wurden, wieder abgedämpft würden, so müßte die Seele sich nach kurzer Zeit von ihrem Leibe trennen. Ihre Höhepunkte erreichen diese Erfahrungen nur in Abständen. Doch manchmal werden sie so packend, daß die Seele meint, die Hölle vor ihr aufklaffen zu sehen, und sie ihr Verlorensein für gesichert hält. Das sind jene, die lebendigen Leibes zur Hölle fahren, denn ihre Läuterung geht vor sich, wie sie drüben erfolgt, und so geschieht es, daß die Seele, die durch diese Läuterung geht, entweder gar nicht oder nur kurz ins Fegfeuer kommt; wird sie doch hier in einer Stunde tiefer geläutert als andere in vielen.

7. KAPITEL
FORTSETZUNG DESSELBEN. ANDERE LEIDEN UND BEDRÄNGNISSE DES WILLENS

1 Die Beschwernisse und Bedrängungen des Willens sind hier so unsäglich, daß die Seele beim plötzlichen Gewahrwerden ihres argen Zustands und der Unsicherheit seines Ausgangs sich wie durchbohrt fühlt. Hierzu gesellt sich die Erinnerung an das vergangene Glück, denn für gewöhnlich haben diese Menschen vor dem Eintritt in diese Nacht von Gott vielerlei Tröstung erhalten und vieles zu seinem Dienst getan. So schmerzt es sie noch mehr, daß sie diesen Gütern entfremdet sind und sie nicht zurückverlangen können. Ijob, der das erfuhr, hat es wie folgt ausgedrückt: «Ich, der ich einst reich war, bin plötzlich vernichtigt worden; er hat

mich beim Nacken gefaßt, mich zu Boden geschleudert, mich zur Zielscheibe für sich aufgestellt. Er hat mich mit seinen Lanzen umstellt, meine Lenden schonungslos zerrissen und mein Eingeweide auf die Erde geschüttet. Er schlug mir Wunde über Wunde und stürmte gegen mich an wie ein Riese. Ich nähte mir ein Sackgewand um meine Haut und deckte meinen Leib mit Asche. Mein Antlitz ist vor Weinen geschwollen und meine Wimpern sind verdunkelt» (16,13 bis 17).

2 Die Schrecken dieser Nacht sind so zahlreich und furchtbar, und es ließen sich so viele Texte der Schrift dafür anführen, daß es uns an Zeit und Kraft fehlt, sie aufzuzeichnen. Übrigens bliebe alles, was man sagen könnte, weit hinter der Wahrheit zurück; die oben angeführten Texte lassen sie wenigstens ahnen. Und damit ich mit diesem Vers zu Ende komme und etwas deutlicher mache, was die Seele in dieser Nacht durchsteht, will ich noch anführen, was Jeremia davon hält. Weil sein Leiden so groß ist, beweint er es in vielen Worten wie folgt: «Ich bin der Mann, der sein Elend unter der Rute seines Grimmes erkannte. Er drohte mir und trieb mich in die Finsternis und nicht ins Licht. Nur auf mich hat er es abgesehen, den ganzen Tag wendet er seine Hand gegen mich. Altern ließ er meine Haut und mein Fleisch, zermalmt hat er mein Gebein. Ringsum führte er einen Wall gegen mich auf, er umgab mich mit Galle und Mühsal. In Finsternis versetzte er mich wie die ewig Toten. Ringsum ummauerte er mich, daß ich nicht entkommen kann, und schwer macht er meine Fesseln. Und auch wenn ich rufe und flehe, er weist mein Gebet ab. Meinen Weg versperrte er mit Quadersteinen, meine Pfade zerstörte er. Ein lauernder Bär ist er mir geworden, ein Löwe im Hinterhalt. Meine Schritte leitete er irre, er zerschlug mich, machte mich trostlos. Er spannte seinen Bogen und stellte mich als Ziel für seinen Pfeil auf. In meine Nieren sandte er seines Köchers Töchter. Für mein ganzes Volk wurde ich zum

Gespött, immerfort singen sie Hohnlieder auf mich. Er tränkte mich mit Bitternis, berauschte mich mit Wermut. Er zerschlug mir die Zähne der Reihe nach und steckte mir Asche in den Mund. Meine Seele ist aus dem Frieden verstoßen, des Glückes habe ich vergessen. Und ich sprach: Mein Ziel und meine Hoffnung auf den Herrn sind verloren. Gedenke meines Elends und meiner Verlassenheit, des Wermuts und der Galle. Immer muß ich daran denken, und meine Seele schmachtet in mir dahin» (Klgl 3,1–20).

3 Solche Klageworte gebraucht Jeremia, wenn er uns die Qualen und Mühsale der Seele in dieser Reinigung und Nacht des Geistes lebensnah schildern will. Es ziemt sich deshalb, mit ihr, die Gott in diese sturmvolle, grauenhafte Nacht versetzt, tiefes Mitgefühl zu haben. Gewiß wird es ein großes Glück für sie sein, die unvergleichlichen Güter zu besitzen, die ihr aus diesem Zustand erwachsen sollen; das wird dann sein, wenn Gott, nach Ijob, die Schätze aufdecken wird, die noch in den schwarzen Finsternissen der Seele verborgen sind, an den Tag heben wird, was noch im Schatten des Todes ruht (12,22), oder wenn er, nach David, sein Licht seinen Finsternissen gleich machen wird (Ps 138,12). Einstweilen aber leidet sie ungeheure Qualen und ist, was ihre Gesundung angeht, in höchster Ungewißheit. Meint sie doch nach dem Wort des Propheten, ihre Qual sei ohne Ende, und Gott habe sie, wie David sagt, in dieselben Finsternisse verstoßen wie die aus der Welt Verstorbenen. Deshalb ist ihr Geist voll Angst und ihr Herz verwirrt (Ps 142,3–4). So ist ihr Leid höchst erbarmenswürdig. Denn außer den Qualen der Einsamkeit und Verlassenheit in der dunklen Nacht kommt noch hinzu, daß sie durch keine gute Belehrung und bei keinem geistlichen Meister Trost finden kann. Man mag ihr alle Trostgründe vorführen unter Verweis auf die Güter, die ihr aus diesen Qualen zukommen werden: sie kann es nicht glauben. Sie ist im Erfahren des Schlimmen so trunken und untergetaucht und sieht ihr

Elend so klar, daß sie denkt, ihre Leiter würden so reden, weil sie nicht sehen, was sie fühlt, und sie nicht verstehen. Daraus erwächst ihr ein neuer Schmerz: ihr scheint, hier liege kein Heilmittel für ihr Leiden, und darin hat sie sogar recht. Solange der Herr nicht abläßt, sie zu reinigen, wie ihn gutdünkt, bleiben alle Mittel, sie von ihrem Übel zu heilen, zwecklos und ohne Wirkung. Das ist umso wahrer, als sie ebenso ohnmächtig ist wie ein Gefangener, der an Händen und Füßen gefesselt in einem tiefen Verlies liegt; sie kann sich nicht regen, sie sieht nichts, sie kann keinen Trost aus der Höhe oder Tiefe empfangen. Und dies solange, bis sie im Geist völlig unterworfen, gedemütigt und geläutert ist, so fein, einfältig und durchsichtig, daß er imstand ist, eins zu sein mit dem göttlichen Geist, gemäß der Stufe, auf die seine Barmherzigkeit ihn zu erheben geruht. Entsprechend dieser Stufe ist die Reinigung mehr oder weniger heftig und dauert mehr oder weniger lang.

4 Soll sie aber eine ernsthafte sein, so wird sie einige Jahre dauern, auch wenn sich darin gewisse Pausen der Erleichterung einstellen, während denen die dunkle Beschauung nach Gottes Erlaubnis nicht mehr läuternd, sondern erleuchtend und wohltätig auf die Seele einwirkt. Jetzt scheint diese, ihren Kerkern und Gefängnissen entrissen, ihre Freiheit zwanglos genießen zu können, sie erfährt und schmeckt tiefe, sanfte Freuden und liebende Ungezwungenheit mit Gott, so daß sie leicht und überschwenglich mit ihm verkehren kann. An alldem erkennt sie das Heil, das durch die Läuterung in ihr bewirkt worden ist, ein Vorzeichen der Fülle, die ihr verheißen ist. Ihre Seligkeit ist oft so groß, daß ihr scheint, ihre Prüfungen seien schon beendet. Denn so sind in der Tat die geistlichen Dinge beschaffen, zumal die höheren: Wenn die Seele im Leiden ist, hat sie das Empfinden, nie mehr daraus herauszukommen und alles Gute verloren zu haben – wie aus den angeführten Schrifttexten erhellt. Wenn ihr im Gegenteil die geistlichen Güter ge-

schenkt werden, hat sie das Gefühl, alle ihre Leiden seien vorbei und sie könne diese Güter nicht mehr verlieren, wie David zur Zeit seiner Beseligung sagt: «Ich aber sprach in meiner Fülle: Ewig werde ich nicht wanken» (Ps 29, 7).

5 Das kommt daher, daß der aktuelle Besitz des einen Gegenteils im Geist durch sich selbst den aktuellen Besitz des andern vertreibt. Im sinnlichen Teil der Seele ist das nicht ebenso der Fall, aufgrund der Schwäche seines Fassungsvermögens. Solange aber auch der Geist noch nicht von allen erworbenen Neigungen des niedrigen Teils lauter und frei ist, kann er sich zwar als Geist unerschütterlich fühlen, aber aufgrund seiner Gebundenheit an den niedern Teil doch wieder in Betrübnis fallen, wie sich an David feststellen läßt, der sich von zahllosen Übeln und Qualen umringt fühlte, obschon er zuvor zur Zeit der Fülle meinte und behauptete, er werde nie wanken. So meint auch die Seele, die sich des aktuellen Genusses der Fülle geistlicher Güter erfreut, aber nicht wahrnimmt, daß die Wurzel des Fehlerhaften und Unreinen noch nicht völlig ausgerottet ist, alle ihre Mühsale seien vorüber.

6 Dennoch ist sie nicht oft dieser Meinung, denn solange die geistliche Reinigung nicht vollendet ist, sind die empfundenen Wonnen für gewöhnlich nicht so voll, daß sie die verbleibende arge Wurzel überdecken; in ihrem Innersten hat die Seele das Gefühl, ein Etwas fehle ihr noch und sei zu leisten übrig, so kann sie der Gunsterweise nicht völlig froh werden; in ihrem Innern haust noch immer ein Feind, der zwar jetzt eingeschläfert ist und schlummert, aber sie fürchtet, er könnte erwachen und sein Werk weitertreiben. Und dies ist auch wirklich der Fall. Gerade wenn die Seele sich in Sicherheit wiegt und es nicht vermutet, regt er sich, um sie wieder zu verschlingen und sie in einen noch schwereren, dunkleren, jämmerlicheren Zustand zu versetzen, der lange dauern wird, länger vielleicht als der vorhergehende. Und

wieder meint sie nun, alle Güter seien für sie auf immer verloren. Die Glückserfahrung nach der vorigen Prüfung, die ihr unvergänglich schien, sagt ihr nichts mehr. Sie bildet sich ein, daß in den neuen Ängsten alles für sie verloren und das entschwundene Glück nicht wiederzufinden ist. Und diese Überzeugung ist, wie ich sagte, aufgrund des aktuellen Erfassens des Geistes so tiefwurzelnd, daß sie alles ihr Entgegenstehende zunichte macht.

7 Aus diesem Grund haben die im Fegfeuer Weilenden große Zweifel, ob sie je wieder daraus erlöst und ihre Leiden ein Ende nehmen werden. Wenn sie auch habituell die drei göttlichen Tugenden besitzen, Glaube, Hoffnung und Liebe, hindert sie doch das aktuelle Empfinden ihrer Leiden und ihres Entbehrens Gottes die Tröstung dieser Tugenden im Augenblick zu genießen. Sie nehmen zwar wahr, daß sie Gott lieben, aber dies tröstet sie nicht, weil sie nicht glauben können, daß Gott sie liebt oder daß sie seiner Liebe würdig sind. Im Gegenteil: da sie sich seiner beraubt und in ihr Leiden eingetaucht sehen, kommt ihnen vor, sie würden mit Recht verabscheut, und Gott täte gut daran, sie für immer von sich zu weisen.

Und desgleichen: wenn die Seele zur Zeit ihrer Läuterung wahrnimmt, daß sie Gott liebt und tausend Leben für ihn hingeben würde – was durchaus wahr ist, denn inmitten der Qualen liebt sie ihren Gott wirklich –, so zieht sie doch keinerlei Trost daraus, sondern nur ärgere Qual. Sie liebt Gott so sehr, daß dies ihre einzige Sorge ist, aber sie fühlt sich gleichzeitig so erbärmlich, daß sie an eine Liebe Gottes zu ihr nicht glauben kann: er hat keinen Grund, sie zu lieben, und wird nie einen haben. Sie findet in sich selber nur Gründe, für ihn ein Gegenstand des Abscheus zu sein, und nicht nur für ihn, sondern für alle Geschöpfe. Sie leidet, weil sie sieht, weswegen sie von dem, den sie so liebt und ersehnt, verworfen zu werden verdient.

8. KAPITEL
VON ANDERN QUALEN DER SEELE IN DIESEM ZUSTAND

1 Noch etwas quält hier die Seele und entzieht ihr jeden Trost. Da die dunkle Nacht ihre Vermögen und Neigungen so stark gefesselt hält, kann sie nicht mehr, wie vordem, Herz und Geist zu Gott erheben. Sie kann nicht beten. Ihr scheint, Gott habe zwischen sich und sie eine Wolke gestellt, damit ihr Gebet nicht zu ihm hindurchdringen kann. Das erklärt ein bereits angeführter Text: «Er hat meine Wege mit Quadersteinen verriegelt» (Klgl 3,44). Und wenn die Seele zuweilen betet, bleibt ihr Gebet so trocken und gefühllos, daß ihr vorkommt, Gott höre nicht zu und kümmere sich nicht um ihr Gebet, wie der Prophet es am gleichen Ort mit den Worten andeutet: «Auch wenn ich schreie und flehe, er weist mein Gebet doch ab» (ebd. 9). Es ist jetzt auch wirklich nicht die Zeit, mit Gott zu reden, sondern «seinen Mund in den Staub zu legen», wie Jeremia sagt, «zu sehen, ob nicht doch irgendein Hoffnungsstrahl aufleuchte» (ebd. 3,8), und die reinigende Anfechtung mit Geduld zu ertragen. Ist es doch Gott, der hier sein Werk vollbringt, deshalb kann die Seele nichts daran ändern. So ist sie zum Beten unfähig; sie kann auch dem Gottesdienst nicht aufmerksam beiwohnen und noch weniger sich mit andern Dingen und zeitlichen Angelegenheiten befassen. Zudem ist sie so geistesabwesend, und ihr Gedächtnis ist so geschwächt, daß lange Zeiten vergehen, ohne daß sie wüßte, was sie getan oder gedacht hat, noch was sie jetzt tut oder vorhat. Sie kann sich auf nichts, was sie umgibt, konzentrieren.

2 Da hier eben nicht nur der Verstand in seinen Einsichten und der Wille in seinen Neigungen, sondern auch das Gedächtnis von seinen Inhalten und Begriffen gereinigt wird, muß dieses hinsichtlich derselben vernichtigt werden, um

den Ausspruch des in dieser Läuterung befindlichen David zu bestätigen: «Ohne etwas zu wissen, bin ich zu nichts gemacht worden» (Ps 72,22). Dieses Nichtwissen bezieht sich auf das Versagen und Vergessen des Gedächtnisses; die Entfremdungen und Geistesabwesenheiten haben ihren Grund in der innern Gesammeltheit, in welche diese Beschauung die Seele versenkt. Denn damit sie mit all ihren Kräften für die göttlichen Dinge wohl vorbereitet sei, muß sie zuerst mit allen Vermögen von diesem himmlischen und dunkeln Licht der Beschauung verabgründet und so von all ihren Anhänglichkeiten und Kenntnissen der Geschöpfe abgezogen werden. Dies dauert je nach der Intensität der Sammlung länger oder kürzer. Je reiner und lauterer somit dieses göttliche Licht in die Seele einfällt, desto mehr verdunkelt es sie, entleert sie ihrer besondern Neigungen und beraubt sie ihrer natürlichen und übernatürlichen Kenntnisse. Und entsprechend: je weniger lauter und rein es einfällt, desto weniger verfinstert und entblößt es die Seele. Es scheint unglaublich, daß das übernatürliche und göttliche Licht um so mehr Finsternis in der Seele erzeugt, je klarer und reiner es ist; und je weniger klar und rein es ist, der Seele um so heller erscheint. Man begreift es aber, wenn wir an den Ausspruch des Philosophen zurückdenken, daß die übernatürlichen Dinge unserem Verstand um so dunkler erscheinen, je klarer und evidenter sie in sich selber sind.

3 Nehmen wir, um dies noch deutlicher zu verstehen, das Bild vom natürlichen, gewöhnlichen Licht. Wir sehen, daß ein durch das Fenster einfallender Sonnenstrahl um so weniger klar erblickt wird, je reiner die Luft von Atomen und Stäubchen ist, je mehr dagegen die Luft von solchen erfüllt ist, desto besser sieht ihn das Auge. Der Grund ist, daß das Licht nicht für sich selber leuchtet, es ist nur das Medium, durch das alle Dinge gesehen werden, auf die sein Strahl fällt. Einzig durch den Aufprall auf die beschienenen

Dinge sehen wir es selbst. Würde der Sonnenstrahl durch das Fenster eines Zimmers eintreten und durch ein anderes, gegenüberliegendes Fenster wieder austreten, und er stieße dabei auf keinen Gegenstand, fände kein Stäubchen, das ihn widerspiegelte, so wäre das Zimmer nicht heller als vorher, und man könnte den Strahl nicht sehen. Im Gegenteil, beachtet man es recht, ist dort, wo der Strahl ist, mehr Dunkelheit, weil er etwas vom vorhandenen andern Licht verdrängt und verdunkelt, und selbst nicht gesehen wird, da sich, wie erwähnt, keine wahrnehmbaren Gegenstände vorfinden, von denen es zurückgeworfen werden könnte.

4 Nicht mehr und nicht weniger bewirkt in der Seele der göttliche Strahl der Beschauung. Wenn er sie mit seinem göttlichen Leuchten überfällt, übersteigt er das natürliche Licht der Seele und verdunkelt es, beraubt sie aller natürlichen Vorstellungen und Neigungen, die sie vorher durch ihr natürliches Licht erfaßte. Und so stürzt er sie nicht nur in Dunkelheit, sondern entblößt sie auch noch ihrer geistlichen wie natürlichen Vermögen und Neigungen. Sie in Entblößung und Dunkel belassend reinigt er sie und erhellt sie mit seinem göttlichen Licht. Die Seele vermutet das nicht; sie meint noch immer im Finstern zu sein. Hier gilt das vom Sonnenstrahl Gesagte, der mitten im Zimmer unsichtbar bleibt, falls er rein ist und keinen widerscheinenden Gegenständen begegnet. Wenn aber das geistliche Licht in der Seele einem rückstrahlenden Gegenstand begegnet, etwa einem Nachdenken über Vollkommenheit oder Unvollkommenheit (auch wenn dieses nur die Größe eines Atoms hätte), oder einem Urteil über etwas, das wahr oder falsch ist, so sieht man es gleich und erkennt es viel deutlicher als vor dem Eintritt in diese Dunkelheiten. Ebenso deutlich zeigt das göttliche Licht der Seele mit Leichtigkeit eine begegnende Unvollkommenheit. Wenn der das Zimmer durcheilende Strahl, der nicht selber gesehen wird, auf eine Hand oder sonst einen Gegenstand fällt, erblickt man

sogleich die Hand oder die Sache und erkennt daran, daß da Sonnenlicht ist.

5 Das geistliche Licht ist sehr einfach und lauter und allgemein, es bezieht sich auf keinen einzelnen Erkenntnisinhalt, er sei natürlicher oder göttlicher Art, denn es hat die Seelenkräfte aller Begriffe entleert und entblößt. Deshalb durchdringt die Seele auf universale und ganz leichte Art alles Höhere und Niedere, das sich ihr bietet. So sagt der Apostel: «Der Geist Gottes durchforscht alles, auch die Tiefen Gottes» (1 Kor 2,10). Auf diese universale und einfache Weisheit bezieht sich, was der Heilige Geist durch den Weisen spricht: «Die Weisheit durchdringt alles kraft ihrer Reinheit» (Wh 7,24); sie macht bei keiner einzelnen Erkenntnis und keiner Sonderneigung halt. So beschaffen ist der von allen Sonderneigungen und Sondererkenntnissen gereinigte Geist. Weil er nichts Einzelnes schmeckt oder erkennt, sondern leer in Dunkel und Finsternis verharrt, vermag er mit großer Fassungskraft alles zu durchdringen, so daß sich in ihm das Wort des hl. Paulus erfüllt: «Wir haben nichts und besitzen doch alles» (2 Kor 6,10). Denn solche Seligkeit ist vorbehalten der Armut des Geistes.

9. KAPITEL
DIESE NACHT VERDUNKELT DEN GEIST ZWAR, ABER UM IHN ZU ERHELLEN UND IHM LICHT ZU SPENDEN

1 Nun bleibt noch zu erklären, daß wenn die selige Nacht der Beschauung den Geist verdunkelt, dies doch nur geschieht, um ihn allseits zu erhellen; wenn sie ihn demütigt und elend macht, so um ihn aufzurichten und zu erheben; wenn sie ihn verarmt und ausleert von allem natürlichen Besitz und Besitzwillen, so um ihn zu befähigen, sich aller himmlischen und irdischen Dinge auf göttliche Art zu erfreuen und sie zu genießen und so zu einer umfassenden

Freiheit im Geist zu gelangen. Wie die Materie, um sich allen zusammengesetzten Naturdingen mitteilen zu können, mit keiner Besonderheit der Farbe, des Geruchs und Geschmackes behaftet sein darf, um sich jeder Art Farbe, Geruch und Geschmack anpassen zu können, so muß auch der Geist von allen naturhaften Neigungen, aktuellen wie zuständlichen, frei und entblößt sein, um sich in Freiheit mit der geistlichen Fülle der göttlichen Weisheit verbinden zu können, wo er aufgrund seiner Durchsichtigkeit den Geschmack aller Dinge in gewissermaßen eminenter Weise erfahren kann. Ohne seine Läuterung aber vermöchte er in keiner Weise die Befriedigung dieser Fülle geistlichen Schmeckens zu gewinnen. Eine einzige noch verbleibende Anhänglichkeit, ein einziger Gegenstand, an dem der Geist noch aktuell oder zuständlich klebt, genügt, die Erfahrung, den Geschmack und die Teilnahme an der Zartheit und ganz innerlichen Lieblichkeit der geistlichen Liebe zu verhindern, in der auf höchst eminente Art jeglicher Geschmack enthalten ist.

2 Die Kinder Israels konnten einzig deshalb, weil sie eine Anhänglichkeit und Erinnerung an die in Ägypten genossenen Fleischspeisen und Gerichte behalten hatten, das zarte Engelsbrot in der Wüste, das Manna, nicht genießen, das doch nach der Schrift die Süße jeglichen Geschmacks in sich enthielt und sich je nach dem Geschmack, den einer wünschte, verwandelte (Wh 16,21). Ebensowenig kann der Geist, der noch mit einer aktuellen oder zuständlichen Neigung an etwas hängt, oder Einzelbegriffe oder sonstige Vorstellungen festhält, die Wonnen des Geistes der Freiheit verkosten. Denn die Neigungen, Gefühle und Wahrnehmungen des vollkommenen Geistes sind eben göttlich und damit anderer Wesensart, von der Natur so verschieden, daß man, um sie aktuell oder zuständlich zu besitzen, die andern austreiben und vernichten muß, da beide so gegensätzlich sind, daß sie sich im gleichen Subjekt nicht ver-

tragen. Deshalb ziemt es sich nicht nur, sondern es ist notwendig, daß die Seele, die zu so Erhabenem Zutritt erhalten soll, zuerst von der dunklen Nacht der Beschauung zernichtet und in ihrem Niedern in Dunkelheit, Dürre und Leere versetzt wird, denn das Licht, das ihr zugedacht ist, ist ein allerhöchst-göttliches, das jedes natürliche Licht überragt und vom Verstand auf natürliche Weise nicht erfaßt werden kann.

3 Und so muß der Verstand, um sich ihm einigen und im Stand der Vollkommenheit vergöttlicht werden zu können, sich vorerst in seinem natürlichen Licht läutern und vernichtigen lassen, indem er durch die dunkle Beschauung ganz ausdrücklich ins Dunkel versetzt wird. Und das Dunkel muß solange dauern, bis die durch lange Zeit eingefleischten Ansichten ausgetrieben und zerstört sind, damit an die Stelle des eigenen das göttlich erleuchtende Licht treten kann. Sofern nun die frühere Erkenntniskraft eine der Natur anhaftende ist, müssen die ihr entsprechenden Finsternisse tiefgreifend, erschreckend und höchst qualvoll sein; in den substantiellen Tiefen des Geistes verspürt, scheinen sie die Substanz selbst anzugreifen. Und da die Liebesneigung, die in der Einigung mit Gott mitgeteilt werden soll, selber göttlich ist, deshalb sehr vergeistigt, subtil, zart und ganz innerlich, alles natürliche Fühlen und Empfinden und jedes Begehren des Willens übersteigend, muß der Wille, um diese naturhaft nicht erreichbare göttliche Neigung durch Liebeseinigung verkosten zu können, zuerst von allen eigenen Neigungen und Gefühlen entleert und entblößt und solange ausgedörrt und bedrängt werden, als der Zustand seiner naturhaften Neigungen zu Göttlichem wie zu Menschlichem es erfordert. Er muß am Feuer der dunklen Beschauung, wie das Herz des Fisches Tobias' auf der Kohlenglut, von allen Formen des Dämons gereinigt werden (6, 19), um in reiner Einfalt für die erhabenen und fremdartigen Berührungen der göttlichen Liebe empfäng-

lich zu werden, woran er nach Beseitigung aller aktuellen und zuständlichen Hindernisse seine Umgestaltung ins Göttliche erfahren wird.

4 Ferner muß die Seele zum Erlangen der genannten Vereinigung, worauf die dunkle Nacht sie bereitet, mit einer gewissen glorienhaften Herrlichkeit ausgestattet werden, sonst könnte sie nicht mit Gott umgehen. Diese schließt unsägliche Güter in sich, die alle natürlich besitzbaren Reichtümer übertreffen; die schwache und unreine Natur könnte sie gar nicht fassen. Jesaja sagt es: «Kein Auge hat gesehen, kein Ohr gehört, in keines Menschen Herz ist aufgestiegen, was Gott denen bereitet hat, die ihn lieben» (64,4). Deshalb muß die Seele erst geistig leer und arm werden, abgelöst von jeder Stütze, Tröstung und jeder natürlichen Auffassung göttlicher und menschlicher Dinge. Einmal derart von allem entblößt, ist sie wahrhaft arm im Geist und hat den alten Menschen ausgezogen; sie kann dann das durch die dunkle Nacht verschaffte selige Leben gewinnen: den Stand der Vereinigung mit Gott.

5 Die Seele muß hier zu einer sehr weiten und erfahrungsgesättigten göttlichen Einsicht in allen göttlichen und menschlichen Dingen gelangen, entfernt von jeglicher gewohnten naturhaften Erfahrungsweise. Denn sie betrachtet diese Dinge mit ganz andern Augen als früher; der Unterschied ist so groß wie zwischen dem Licht und der Gnade des Heiligen Geistes und der sinnlichen Wahrnehmung, so groß wie zwischen dem Göttlichen und dem Menschlichen. Dazu muß der Geist in seiner gewöhnlichen, naturhaften Auffassungsart veredelt und gegerbt werden, die läuternde Beschauung muß ihn in viele Ängste und Bedrängnis versetzen. Auch das Gedächtnis muß aus allen erfreulichen und beruhigenden Erinnerungen befreit werden; es erhält dabei ein Gefühl, daß es allen Dingen fern und entfremdet wird, alles erscheint ihm anders als früher. So trennt die

Nacht den Geist von seinem gewohnten, angestammten Fühlen der Dinge, um ihm ein göttliches Fühlen beizubringen, das aller Menschenart ungewohnt und fremd ist und ihn wie außer sich selbst versetzt. Andere Male meint die Seele verzaubert oder betäubt zu sein, sie ist wie verzückt von den Dingen, die sie sieht und hört, diese kommen ihr fremd und verändert vor, obschon sie die gleichen sind, mit denen sie früher umging. Das kommt daher, daß die Seele selbst ihrer gewohnten Erfahrung und Erkenntnis der Dinge fremd geworden ist, sie ist darin vernichtigt und dem Göttlichen eingeformt worden, was schon mehr zum künftigen als zum hiesigen Dasein gehört.

6 Alle diese Bedrängnisse und Läuterungen des Geistes muß die Seele durchmachen, um durch göttliche Einwirkung zum neuen geistigen Leben wiedergeboren zu werden. In solchen Schmerzen bringt sie den Geist des Heiles zur Welt. So sagt Jesaja: «So wurden wir geschaffen vor deinem Angesicht, Herr. Wir haben empfangen und gleichsam geboren und haben den Geist des Heiles zur Welt gebracht» (26,17–18). Außerdem bereitet sich die Seele aufgrund dieser Nacht der Beschauung auf jene Ruhe und jenen Frieden vor, der nach der Schrift alles Sinnen übersteigt (Phil 4,7). Dazu muß sie ihren früheren Frieden vollkommen preisgeben, denn er war unvollkommen und deshalb kein wahrer Friede, obschon er der Seele als ein ihr behagender Friede erschien, ein doppelter, da er ihr Gefühl wie ihren Geist zu erfüllen schien, dabei aber noch unvollkommen war. Erst muß er einer Läuterung unterzogen werden; die Seele muß ihn preisgeben, damit sich an ihr erfülle, was wir oben anläßlich der Mühsal der Nacht aus Jeremia angeführt haben: «Meine Seele wurde entfernt und herausgestoßen aus dem Frieden» (Klgl 3,17).

7 Sehr schmerzhaft ist diese Reinigung für die Seele aufgrund der vielen Ängste, Einbildungen und Kämpfe, die

sie in sich verspürt. Der Anblick und das Gespür ihres eigenen Jammers läßt sie befürchten, sie sei verloren und ihr Glück sei für immer dahin. So gibt sie sich solchem Schmerz und so tiefem Stöhnen hin, daß sie zuweilen im Geiste heftig aufschreit, was sich in Worten und in Tränen äußern kann, wenn sie dazu noch die Kraft hat. Aber solche Erleichterungen sind selten. David, der dies alles erfuhr, drückt es entsprechend aus: «Ich wurde bedrängt und tief gedemütigt, das Seufzen meines Herzens äußerte sich in tobendem Gestöhn» (Ps 37,9). Solches Stöhnen ist Ausdruck tiefen Leidens; zuweilen bei der plötzlichen und lebendigen Erinnerung an ihr Elend gerät die Seele in solche Erregung, daß ich nicht weiß, wie es ausdrücken, es sei denn durch Vergleiche, wie Ijob im selben Zustand sich Luft machte: «Wie der Lärm von Sturmfluten ist mein tobendes Stöhnen» (3,24). Wie die Wasser manchmal mit solcher Gewalt heranstürmen, daß sie alles überschwemmen, so wird das tobende Gestöhn der Seele so gewaltig, daß es sie völlig überschwemmt; alle ihre innerlichsten Neigungen und Kräfte sind auf unvorstellbare Weise ein Raub der Angst und des Schmerzes.

8 Solches wirkt diese Nacht in ihr, die sie der Hoffnung beraubt, das Tageslicht wiederzusehen. Ijob, der Prophet, äußert dazu: «Nachts haben die Schmerzen meinen Mund durchbohrt, und die mich verzehren, schlafen nicht» (30,17). Der Mund bedeutet hier den Willen, durchbohrt durch die Schmerzen, die nicht aufhören, die Seele zu zerreißen, weil Zweifel und Ängste sie unaufhörlich foltern.

9 Schrecklich sind diese Schlachten und Kämpfe, denn der Friede, auf den gewartet wird, soll ein unvergleichlich tiefer sein. Und wenn der geistige Schmerz so innerlich und durchdringend ist, so weil auch die kommende Liebe ganz innerlich und fein sein muß. Je innerlicher und subtiler ein Werk sein und bleiben muß, um so innerlicher, subtiler und feiner

muß die Arbeit daran sein. Und je mehr Kraft man auf ein Bauwerk anwendet, desto fester wird das Gebaute sein. So sagt Ijob: «Meine Seele welkt in mir dahin, mein Inneres wallt auf ohne jede Hoffnung» (30,16). Denn die Seele ist dazu berufen, im Stand der Vollkommenheit, auf den hin die reinigende Nacht sie erzieht, unzählige Güter an Gaben und Tugenden zu besitzen, sowohl in ihrer Substanz wie in ihren Vermögen; und dazu muß sie sich vorerst auch ganz allgemein diesen Schätzen gegenüber fremd, entblößt, arm und leer sehen und fühlen. Sie muß sich so fern von ihnen fühlen, daß sie nie in ihren Besitz zu gelangen meint und alles Glück für sie zu Ende ist. Darauf verweist nochmals Jeremia an der angeführten Stelle: «Vergessen habe ich alle Güter» (Klgl 3,17).

10 Fragen wir uns nun noch, weshalb das Licht der Beschauung für die Seele so sanft und wohltuend ist, daß sie nichts anderes mehr ersehnen mag – mit ihm soll sie sich ja vereinigen, in ihm im Stand der Vollkommenheit alle Güter finden –, weshalb es sie aber dann bei seinem Eindringen so schmerzlich berührt und so erschreckende Wirkungen hervorbringt.

11 Die Antwort darauf ist nicht schwer, wir haben sie zum Teil schon gegeben. Es ist nicht so, als verursachte die Beschauung oder göttliche Eingießung von sich aus Leiden, sie bringt im Gegenteil eine Fülle an Wonnen mit sich, die die Seele später genießen wird. Der Grund liegt vielmehr in der Schwäche und Fehlerhaftigkeit der Seele und in ihrer Verfaßtheit, die dem Empfang dieser Gaben widersteht. Deshalb verursacht das göttliche Licht in der Seele die erwähnten Leiden.

10. KAPITEL
GRÜNDLICHE ERKLÄRUNG DIESER INNERN LÄUTERUNG DURCH EINEN VERGLEICH

1 Um das Gesagte wie das noch Folgende zu verdeutlichen, sei hier bemerkt, daß die läuternde und liebende Wahrnehmung oder das besagte göttliche Licht die Seele auf die gleiche Weise reinigt und zur Einigung mit ihm hin bereitet, wie die Flamme ein Holzscheit bereitet, um es in Glut zu verwandeln. Das stoffliche Feuer trocknet, wenn es das Holz erfaßt, dieses zuerst solange, bis alle Feuchtigkeit herausgeschwitzt, alles Wäßrige herausgeweint ist. Dann wird es allmählich dunkel, schwarz und häßlich, es gibt sogar einen üblen Geruch von sich. Indem das Feuer es allgemach ausdörrt, wird alles Häßliche und Dunkle, was zum Feuer in Widerspruch steht, ans Licht gezogen und ausgetrieben. Schließlich beginnt es zu brennen, es wird erhitzt und von außen her entflammt; das Feuer verwandelt es in sich und es wird schön wie das Feuer selbst. Von da an gibt es im Holz kein weiteres Erleiden oder Wirken, so daß es mit Ausnahme seiner Ausdehnung und seines Gewichts keine andern Eigenschaften mehr hat als die des Feuers. Trocken geworden, trocknet es; es wird heiß und es erhitzt; es wird hell und es strahlt Helligkeit aus, und es wird leichter als zuvor. Alle diese Eigenschaften und Wirkungen bringt das Feuer in ihm hervor.

2 Ganz Entsprechendes haben wir nun auch vom göttlichen Liebesfeuer der Beschauung anzusetzen, das, bevor es sich der Seele einigt und sie in sich verwandelt, sie zunächst von allen widerstehenden Elementen reinigt. Es treibt all ihr Schändliches aus ihr aus, macht sie dunkel und schwarz, so daß sie schlimmer aussieht als vorher, häßlicher und verabscheuungswürdiger. Bevor die göttliche Reinigung alle üblen und lasterhaften Säfte, die tief in der Seele verwurzelt waren, heraustrieb, nahm diese sie nicht wahr;

sie konnte sich nicht vorstellen, daß so viel Arges in ihr steckte, aber nun, da es ausgetrieben und zerstört werden soll, stellt es sich ihr vor Augen. Im dunklen Licht der göttlichen Beschauung erblickt sie es mit aller Klarheit, doch ist sie deshalb nicht schlechter als vorher, weder in sich noch vor Gott. Aber weil sie jetzt in sich wahrnimmt, was sie vorher nicht sah, scheint ihr unwiderleglich, daß sie des Blickes Gottes nicht nur unwürdig ist, sondern von ihm verabscheut zu werden verdient, und daß er sie jetzt schon wirklich verabscheut. Durch diesen Vergleich läßt sich nunmehr vieles verstehen von dem, was wir ausführen und weiterhin zu sagen beabsichtigen.

3 Erstens können wir einsehen, wie dieses Licht liebender Weisheit, das sich der Seele einigen und sie verwandeln soll, das gleiche ist, wie was sie anfänglich gereinigt und bereitgemacht hat; denn ebenso ist das Feuer, das das Holz in sich verwandelt, indem es dieses durchdringt, das gleiche, wie was es anfänglich bereitgemacht hat, feurig zu werden.

4 Zweitens erkennen wir, daß die Seele diese Peinen nicht als von der göttlichen Weisheit ausgehend erfährt, wie denn der Weise sagt: «Mit ihr zusammen kamen mir alle Güter» (Wh 7,11), sondern von ihrer eigenen Schwäche und Fehlerhaftigkeit, aufgrund derer sie unfähig ist, ihr göttliches Licht, ihre Wonne und Seligkeit ohne vorherige Läuterung zu empfangen: deswegen erduldet sie soviel. So geschah es ja auch mit dem Holz, das nicht beim ersten Anlegen des Feuers verwandelt wurde, sondern erst wenn es für dieses bereitgemacht war. Jesus Sirach bestätigt das, indem er schildert, wieviel er litt, bis er sich mit der Weisheit einigte und sie verkosten durfte: «Meine Seele erduldete ihretwegen Todesängste, mein Innerstes wurde aufgewühlt, um sie zu erwerben, deshalb werde ich in einen guten Besitz gelangen» (Sir 51,29).

5 Drittens können wir uns nun nebenbei einen Begriff davon machen, wie die Seelen im Fegfeuer leiden. Das Feuer

hätte keine Macht über sie, selbst wenn es an sie angelegt würde, falls sie keine Unvollkommenheiten an sich hätten und deshalb nicht leidensfähig wären. Diese Unvollkommenheiten liefern den Brennstoff für das Feuer; ist er verzehrt, so bleibt nichts zum Verbrennen übrig. Nicht anders die Seele: sobald sie von ihren Fehlern gereinigt ist, hört ihr Leiden auf und ihr Ergötzen beginnt.

6 Viertens erfassen wir hieraus, daß wie das Holz entsprechend seiner bessern oder weniger guten Zubereitung schneller oder langsamer erglüht, auch die Seele sich in dem Maße in Liebe entflammt, als sie mittels des Liebesfeuers enteignet und geläutert worden ist. Gewiß, dieses liebende Entflammtsein ist für die Seele nicht immer fühlbar, sie fühlt es nur zuweilen, wenn der Zugriff der Beschauung in ihr nachläßt. Dann hat sie Gelegenheit, das Werk, um das sie sich müht, zu sehen und sich auch daran zu freuen; es wird ihr enthüllt. Ihr scheint, die Hand ziehe sich von der Arbeit zurück, das Eisen aus der Esse; so kann sie das Werk betrachten, das sie vorher, als daran gearbeitet wurde, nicht sehen konnte. Gleicherweise kann man, wenn die Flamme vom Holzscheit abläßt, beobachten, wie stark es glüht.

7 Fünftens entnehmen wir dem Vergleich eine Bestätigung des bereits Gesagten: daß die Seele nach solcher Atempause in Wahrheit noch heftigere und empfindlichere Leiden auf sich nehmen muß. Nach jener Kenntnisnahme, da sie vor allem von ihren äußern Fehlern gereinigt worden ist, dringt das Liebesfeuer erneut auf sie ein, um jetzt die innerlichsten Unvollkommenheiten zu reinigen. Das Leiden der Seele ist dann umso intimer, durchdringender und geistiger, als die Reinigung die intimsten, durchdringendsten und geistigsten Fehler erreicht. Es geht zu wie beim Holz: je tiefer das Feuer darin eindringt, desto heftiger und gewaltsamer bereitet es das Innerste zu, es aufzunehmen.

8 Sechstens ergibt sich daraus auch der Grund, weshalb die Seele alles Gute verloren zu haben und voller Übel zu sein meint; denn während sie in der Läuterung weilt, erfährt sie nichts als Bitterkeit. So auch mit dem brennenden Scheit; die Luft und alles Umgebende bewirken nur, daß das Feuer verzehrender wird. Wenn aber erneut eine weitere Ruhepause eintritt, wird sie innerlicher genießen, weil die Reinigung tiefer innen vollzogen ist.

9 Siebtens schließen wir daraus, daß wenn die Seele diese Zwischenzeiten recht genießt, so sehr, daß ihr, wie erwähnt, die (sicher eintretende) Rückkehr der Trübsale unmöglich erscheint, sie doch immerhin, falls sie auf sich achtet (und das tut sie zuweilen), feststellt, eine noch vorhandene Wurzel werde den vollen Genuß nicht gestatten. Droht doch diese schlimme Wurzel sich bald wieder bemerkbar zu machen, was sich unter solchen Bedingungen auch bald ereignet. Kurz: was im innersten der Seele noch der Reinigung und Erleuchtung bedarf, kann dem schon gereinigten Teil nicht völlig unbekannt bleiben. So gab es auch beim Holz den Unterschied zwischen dem noch nicht in Glut versetzten Innersten und dem schon glühenden Äußern. Wenn aber die Läuterung im Innersten der Seele wieder einsetzt, ist es nicht verwunderlich, daß die Seele immer noch wähnt, alle ihre Güter seien verloren und für sie unwiederbringlich: denn da sie in die inwendigsten Leiden versenkt ist, bleiben ihr alle äußerlicheren Güter verborgen.

10 Wenn wir diesen Vergleich vor Augen behalten und den ersten Vers der ersten Strophe – die dunkle Nacht und ihre erschreckenden Eigenschaften – nunmehr erkannt haben, wird es wohltätig sein, dieses für die Seele so bedrückende Thema zu verlassen und überzugehen zur Frucht ihrer Tränen und zu ihren beseligenden Eigenschaften, die die Seele im zweiten Vers zu besingen anfängt:

Entflammt von Liebessehnen.

II. KAPITEL

BEGINN DER ERKLÄRUNG DES ZWEITEN VERSES DER ERSTEN STROPHE: WIE DIE HEFTIGE LEIDENSCHAFT DER GÖTTLICHEN LIEBE FRUCHT DER SCHWEREN BEDRÄNGNISSE IST

1 In diesem Vers erklärt die Seele das Liebesfeuer, von dem schon die Rede war, das auf sie einwirkt wie das stoffliche Feuer auf das Holz: es entbrennt in ihr in der schmerzvollen Nacht der Beschauung. Aber wenn dieses Entbrennen demjenigen im sinnlichen Teil in gewisser Beziehung ähnlich ist, so ist es doch anderseits so unähnlich wie die Seele vom Leib, der geisthafte vom sinnlichen Teil. Jetzt geht es um ein Entbrennen der Liebe im Geiste, wovon die Seele sich inmitten der dunkeln Qual, Gott fühlend und ahnend, von heftiger Gottesliebe verwundet, durchdrungen fühlt, auch wenn sie nichts Einzelnes wahrnimmt, da der Verstand, wie erwähnt, noch im Dunkeln weilt.

2 Der Geist aber fühlt sich zur Liebe hingerissen, denn das geistliche Feuerfangen entfacht die Liebesleidenschaft. Und da diese Liebe eingegossen ist, ist sie mehr erleidend als tätig und weckt ebendadurch eine starke Leidenschaft in der Seele. Diese Liebe nimmt schon etwas von der Einigung mit Gott vorweg und hat an deren Eigenschaften Anteil, die mehr ein Wirken Gottes als ein solches der Seele sind; sie empfängt sie passiv, auch wenn sie dazu ihre Zustimmung zu geben hat. Aber es ist einzig die Liebe Gottes, die sich mit ihr vereinigt, die die Glut und die Kraft, die Gestimmtheit und Hingerissenheit der Liebe – die Entflammung, wie die Seele es hier nennt – verursacht. Die göttliche Liebe aber findet in ihr umso mehr Raum und Bereitschaft, sie zu umfassen und zu verwunden, je mehr sie alle ihre Begierden ertötet und sich unterworfen hat, um sie aller himmlischen und irdischen Genüsse zu entblößen.

3 All dies erfolgt innerhalb der dunklen Läuterung auf wundersame Weise. Gott hat hier der Seele ihre Gelüste so verleidet und sie auf sich gesammelt, daß sie dem früher Geliebten nicht mehr nachgehen können. Durch solche Abtrennung und Sammlung will Gott die Seele stärken und vorbereiten auf die machtvolle Einigung mit seiner Liebe, die er durch die Reinigung ihr zu schenken beginnt. In diesem Zustand ist die Seele genötigt, aus all ihren geistigen und sinnenhaften Neigungen mit allen Kräften zu lieben, was unmöglich wäre, wenn sie sich noch dem Genuß anderer Dinge hingäbe. Um die Liebeskraft dieser Gotteinigung in sich empfangen zu können, sprach David zu Gott: «Meine Kraft will ich für dich bewahren» (Ps 58,10), das heißt, meine ganze Fähigkeit, alle meine Neigungen, alles, was meine Seelenkräfte vermögen, will ich, was ihr Wirken und Kosten betrifft, nichts anderem als dir zuwenden.

4 Man kann daraus einigermaßen ersehen, wie intensiv die Liebesglut im Geist sein muß, wenn Gott alle geistigen und sinnlichen Kräfte, Vermögen und Neigungen an sich fesselt; sie sollen in vollkommenem Einklang sich ganz der Liebe verschwenden und so wahrhaft dem ersten Gebot genügen, wonach alles im Menschen sich der Liebe zuwenden muß und nichts davon ausgenommen werden darf: «Du sollst den Herrn deinen Gott lieben aus deinem ganzen Herzen, aus deiner ganzen Seele und aus allen deinen Kräften» (Dt 6,5).

5 Sind somit durch diese entflammte Liebe alle Kräfte der Seele gesammelt und sie selbst in allen verwundet, wie gestalten sich dann – so frage ich – die Regungen all dieser Kräfte, da sie sich einerseits von der machtvollen Liebe ergriffen und verwundet sehen, sie aber anderseits nicht besitzen und unbefriedigt in Dunkel und Zweifel verharren? Sicher hat ihr Hunger nur zugenommen, und gleich den Hunden, von denen David spricht, umstreichen sie die Stadt

und heulen und stöhnen, da sie von der Liebe nicht gesättigt werden (Ps 58,16). Die Berührung der feurigen Gottesliebe dörrt den Geist so aus und entflammt seine nach Löschung seines Durstes lechzenden Vermögen so, daß die Seele sehnsüchtig tausend Wege sucht, Gott zu finden. David hat dies trefflich in einem Psalm ausgedrückt: «Meine Seele empfindet Durst nach dir, und auf vielerlei Weise sehnen sich meine Glieder nach dir» (Ps 62,2). Eine andere Übersetzung lautet: «Meine Seele dürstet nach dir, meine Seele vergeht aus lauter Schmachten nach dir.»

6 Deshalb spricht die Seele in diesem Vers: «Entflammt von Liebessehnen». Die Seele liebt auf tausenderlei Arten: in ihren Gedanken, ihren Taten, den Gelegenheiten, die sich darbieten; ihre Sehnsucht plagt sie zu jeder Zeit und an allen Orten, in nichts findet sie Ruhe; glühend und versehrt inmitten ihrer Ängste spricht sie mit dem Propheten Ijob: «Wie der Hirsch nach den Schatten seufzt, wie der Taglöhner das Ende seiner Arbeit herbeisehnt, so habe ich ruhelose Monde erlebt und kummervolle Nächte mir abgezählt. Wenn ich mich schlafen legte, so mit dem Gedanken: Wann stehe ich wieder auf? Und wieder muß ich auf den Abend warten, von Ängsten angefüllt bis die Dunkelheit einbricht» (7,2). Alles wird der Seele zu eng, sie hält es in sich selbst nicht mehr aus, ihre Sehnsüchte übergreifen Himmel und Erde, ihre Schmerzen füllen sie bis zur Dunkelheit, von der Ijob gesprochen hat. Im geistigen Sinn, der uns hier beschäftigt, handelt es um eine Pein, die keine Tröstung enthält und keine Hoffnung auf Licht oder geistliche Hilfe in Aussicht stellt. Und die ängstliche Qual aufgrund dieser entzündenden Liebe wird aus einem doppelten Grund noch vermehrt: da sind einerseits die geistlichen Finsternisse mit ihren quälenden Zweifeln und ihrem Argwohn, da ist anderseits die Liebe Gottes, die die Seele anfeuert und stachelt und sie durch ihre Versehrungen in Furcht setzt. Beide Arten des Leidens werden uns von Jesaja aufs beste be-

schrieben: «Meine Seele sehnt sich nach dir in der Nacht» (26,9), nämlich mitten in ihrem Elend.

7 Und dies ist die eine Art des Leidens in dieser Nacht; «aber», so fährt er fort, «in meinem Geiste wache ich in meinem Herzen vom frohen Morgen an» (ebd.). Das ist die andere Weise des Leidens, die des liebenden Sehnens, das Geist und Herz quält. Und doch spürt die Seele mitten in diesem Leiden aus Finsternis und aus Liebe eine gewisse Gegenwart und Mächtigkeit in ihrem Innern, die sie begleiten und stärken, während, wenn die Last des Kummers und Dunkels weggehoben wird, sie sich manchmal allein, leer und schwach fühlt. Aber der Grund dafür ist, daß die wirksame Kraft ihr passiv vom dunkeln Liebesfeuer in ihr mitgeteilt wurde, und deshalb mit der Mitteilung auch das Dunkel, die Kraft und die Liebesglut in ihr aufhören.

12. KAPITEL
INWIEFERN DIESE ERSCHRECKENDE NACHT EIN FEGFEUER IST, UND DIE GÖTTLICHE WEISHEIT DIE MENSCHEN AUF ERDEN AUF GLEICHE WEISE REINIGT UND ERLEUCHTET WIE DIE ENGEL DES HIMMELS

1 Aus dem Gesagten läßt sich verstehen, wie diese dunkle Nacht des Liebesfeuers sowohl im Dunkeln reinigt wie zugleich auch im Dunkeln allmählich entflammt. Ferner begriffen wir, daß wie im andern Leben die Geister durch ein stoffliches Feuer geläutert werden, so hienieden ein liebendes, dunkles geistiges Feuer sie läutert und säubert. Es besteht somit dieser Unterschied, daß drüben durch Feuer gereinigt, hier dagegen durch Liebe allein geläutert und erleuchtet wird. Solche Liebe erbat sich David, als er sprach: «Ein reines Herz schaffe in mir, o Gott, usf.» (Ps 51,12). Denn Herzensreinheit ist nichts anderes als Liebe und

Gnade Gottes. Deshalb werden die, die reinen Herzens sind, von unserem Herrn seliggesprochen, denn Seligkeit wird nur durch Liebe gewährt.

2 Wenn aber die Seele dann gereinigt und erleuchtet wird, wenn das Feuer der liebenden Weisheit sie heimsucht, so weil Gott die mystische Weisheit nur mit der Liebe zusammen verleiht. Jeremia zeigt das klar, wenn er sagt: «Aus der Höhe sandte er Feuer in mein Gebein, und er erzog mich» (Klgl 1,13). David sagt, die göttliche Weisheit sei Silber, das durch Feuer erprobt worden ist (Ps 111,7), nämlich durch das reinigende Feuer der Liebe. Die dunkle Beschauung flößt also der Seele gleichzeitig Liebe und Weisheit ein, einer jeden nach ihrer Fassungskraft und ihrem Bedürfnis, indem sie erleuchtet und von ihrer Unwissenheit geläutert wird, wie der Weise von sich bekennt.

3 Daraus erhellt ebenfalls, daß diese Seele von derselben göttlichen Weisheit geläutert und erleuchtet wird, wie die Engel, deren Unwissen sie behebt; sie belehrt diese über die Dinge, die sie nicht wußten. Sie stammt aus Gott und ergießt sich von den obersten Hierarchien bis zu den untersten und von da zu den Menschen. Deshalb sagt die Schrift wahrhaftig und ausdrücklich, daß alle Taten und Inspirationen der Engel gleichzeitig von ihnen und von Gott gewirkt werden, denn Gott pflegt die seinen durch die der Engel hindurch zu vermitteln, und diese vermitteln sie einander ohne Säumnis, wie ein Sonnenstrahl viele hintereinander liegende Glasfenster durchquert; und wenn es der Strahl ist, der sie alle durchquert, so schickt ihn doch jede Scheibe der andern weiter, mehr oder weniger gemildert, je nach der Beschaffenheit des Glases, abgeschwächter, wenn die Scheibe der Sonne ferner steht.

4 Je näher deshalb die Engel der übereinandergelagerten Hierarchien Gott stehen, desto mehr und desto universaler

werden sie gereinigt und erleuchtet, während die untersten die Erleuchtung schwächer und entfernter erhalten. Daraus folgt, daß der Mensch, als der Letzte der Reihe, dem diese liebende Beschauung, falls Gott sie ihm geben will, zukommt, sie auf sehr unvollkommene und beschränkte und schmerzliche Weise erhalten wird. Denn Gottes Licht, das den Engel erleuchtet, verklärt ihn und beseligt ihn so in Liebe, wie es sich bei einem reinen Geist geziemt, der für solche Einigung vorbereitet ist. Beim Menschen dagegen, der schwach und unrein ist, ist es natürlich, daß Gott ihn, wie wir sagten, ins Dunkel stürzt und ihm Pein und Bedrängnis bereitet, wie die Sonne, wenn sie ein krankes Auge trifft; Gott verleiht ihm die Liebe, indem er ihn brennen und leiden läßt, solange bis das Liebesfeuer ihn vergeistigt und veredelt hat; er läutert ihn solange, bis er den Engeln gleich für das Einigende dieser liebenden Einflößung bereit und, wie noch zu zeigen sein wird, durch Vermittlung des Herrn gereinigt ist. Inzwischen aber empfängt er die liebende Beschauung und Wahrnehmung in der ängstlichen Sehnsucht, von der hier die Rede ist.

5 Nicht immer jedoch empfindet die Seele dieses drangvolle Entbrennen in Liebe. Zu Beginn der geistlichen Läuterung zielt das geisthafte Feuer mehr darauf, den Brennstoff der Seele zu trocknen und vorzubereiten, als ihn zu erhitzen. Mit der Zeit aber, wenn das Feuer die Seele erwärmt, verspürt sie zumeist den Brand und die Glut der Liebe. Und während aufgrund des Dunkels mehr das Erkenntnisvermögen gereinigt wird, kommt es doch vor, daß diese mystische Theologie nicht nur den Willen entflammt, sondern auch das andere Vermögen, das der Erkenntnis, ergreift, indem sie ihm einige Wahrnehmung des göttlichen Lichtes spendet, worauf nun auch der Wille innerhalb dieser Erleuchtung wunderbar erglüht und ohne sein Zutun durch das göttliche Liebesfeuer in helle Flammen versetzt wird, so daß jetzt die Seele lebendige Flammen aufgrund der lebendi-

gen Erkenntnis zu empfangen scheint. Deshalb sagt David in einem Psalm: «Mein Herz wurde heiß in mir, und in meiner Beschauung entzündete sich das Feuer» (Ps 38,4).

6 Dieses gemeinsame Entbrennen der Liebe in beiden Seelenkräften, Verstand und Wille, die sich hier vereinigen, ist für die Seele etwas sehr Bereicherndes und Beseligendes, denn mit Sicherheit rührt sie dabei an die Gottheit und hat einen inchoativen Besitz der vollen Liebeseinigung, auf die sie hofft. Doch diese leichte Berührung eines erhabenen Gespürs göttlicher Liebe gewinnt sich erst, wenn vielerlei Leiden erduldet wurde und ein großer Teil der Läuterung durchgemacht ist. Für andere, niedrigere Grade, wie sie für gewöhnlich vorkommen, ist eine so intensive Läuterung nicht erfordert.

7 Aus dem Dargelegten folgt, daß der Wille beim Empfang der geistigen Güter, die Gott der Seele passiv einflößt, sehr wohl zu lieben vermag, ohne daß der Verstand begreift, wie ja auch der Verstand begreifen kann, ohne daß der Wille liebt. Da die dunkle Nacht der Beschauung sowohl göttliches Licht wie göttliche Liebe in sich enthält, so wie das Feuer leuchtet und wärmt, steht nichts im Wege, daß das sich mitteilende göttliche Licht einmal mehr den Willen trifft und zur Liebe entflammt, während es den Verstand im Dunkeln läßt, und daß ein andermal der Verstand mit Licht und Einsicht erfüllt wird, während der Wille in Trockenheit verharrt. So kann man ja auch die Wärme des Feuers spüren, ohne es leuchten zu sehen. Das ist das Wirken des Herrn: er teilt sich mit, wie er will.

13. KAPITEL
ANDERE BESELIGENDE WIRKUNGEN DER DUNKLEN NACHT DER BESCHAUUNG

1 Diese Weise des Entbrennens läßt bereits einige der beseligenden Wirkungen ersehen, die die dunkle Nacht der Beschauung allmählich in der Seele hervorbringt. Zuweilen wird sie mitten in ihren Finsternissen – wie wir vorher sagten – erhellt, und dann «leuchtet das Licht in der Finsternis» (Joh 1,5). Die mystische Erkenntnis teilt sich dem Verstand mit, während der Wille, um aktuell an der Liebeseinigung teilzunehmen, im Dunkeln bleibt. Er weilt aber für das Fühlen der Seele in so sanfter Ruhe und Einfalt, daß man kein Wort dafür hat. Bald liebt sie Gott auf die eine, bald auf die andere Weise.

2 Manchmal verwundet die Liebesflamme, wie gesagt, auch den Willen, so daß sie in ihm innig, zärtlich, kräftig entbrennt. Beide Seelenkräfte aber einen sich, wie auch erwähnt, dann umso vollkommener, je mehr der Verstand gereinigt ist. Aber ehe man dazu gelangt, fühlt man die Berührung des Feuers für gewöhnlich mehr im Willen als in der Einsicht des Verstandes.

3 Doch hier erhebt sich ein Zweifel. Da beide Vermögen gleichzeitig gereinigt werden, warum fühlt man anfänglich zumeist den liebenden Brand der läuternden Beschauung mehr im Willen, als daß der Verstand ihn erkännte? Darauf ist zu erwidern, daß die passive Liebe nicht direkt den Willen trifft, denn der Wille ist frei; der Liebesbrand ist mehr ein Liebeserleiden als ein freier Willensakt; er trifft die Substanz der Seele und berührt deswegen ihre Vermögen passiv. Aus diesem Grund muß er besser als passive Liebe bezeichnet werden, obschon er freier Willensakt ist; kann man doch von einem Akt des Willens nur reden, wenn dieser frei ist. Da aber Leidenschaften und Neigungen ihren

Sitz im Willen haben, sagt man, wenn die Seele sich leidenschaftlich für etwas ereifert, daß auch der Wille es tut, und dies ist richtig, denn auf diese Art wird der Wille gebunden und verliert seine Freiheit, er läßt sich durch die Gewalt der Leidenschaft mitreißen. So kann man sagen, der Liebesbrand liege im Willen, sofern er nämlich seinen Grundtrieb entzündet, weshalb hier eher von einer Leidenschaft der Liebe als von einer freien Betätigung des Willens gesprochen werden muß. Und weil nur das rezeptive Erleiden des Verstandes Einsicht empfangen kann, soweit er entblößt und passiv ist (was ohne Läuterung unmöglich ist), erfährt die Seele, bevor sie ganz durchklärt ist, die Berührung der Einsicht seltener als die leidenschaftliche Liebe. Denn für diese ist erfordert, daß der Wille gänzlich geläutert ist; die Leidenschaften helfen Liebesleidenschaft empfinden.

4 Dies Brennen und Dürsten der Liebe ist bereits Werk des Heiligen Geistes, es unterscheidet sich von dem in der Nacht der Sinne Beschriebenen. Gewiß hat auch die Sinnlichkeit ihren Anteil daran, da sie mit in die Bedrängnis des Geistes hineingezogen wird; dennoch liegt die lebendige Quelle dieses Durstes im höheren Teil der Seele, im Geist. Dieser fühlt so richtig, was er erfährt, und empfindet so gut, was er entbehrt, daß alle Qual der Sinne, auch wenn sie unvergleichlich größer ist als in der ersten Nacht der Sinne, ihm wie nichts vorkommt; fühlt er doch, daß innen in ihm ein großes Gut abwesend ist und daß nichts es zu ersetzen vermag.

5 An dieser Stelle ist noch eines zu bemerken. Wenn man zu Beginn der Nacht des Geistes das Entbrennen der Liebe noch nicht verspürt, weil das Liebesfeuer noch nicht wirksam geworden ist, verleiht Gott doch von vornherein eine solche wertschätzende Liebe zu ihm, daß das Allerpeinvollste, was die Seele in den Anfechtungen dieser Nacht erduldet, wie schon gesagt, der ängstliche Gedanke ist, Gott

verloren zu haben und von ihm verworfen zu sein. So können wir immer sagen, daß von Anfang der dunklen Nacht an die Seele Ängste der Liebe, oft sogar einer sehr brennenden Liebe erfährt. Trotzdem ist das ärgste Leiden die genannte Ungewißheit. Könnte sie sich überzeugen, daß nicht alles für sie verloren und zu Ende ist, sondern all das Erfahrene zu ihrem Besten geschieht, was ja stimmt, und Gott ihr nicht grollt, so würde sie sich wenig aus all diesen Qualen machen, ja sie würde sich darob freuen im Gedanken, daß sie Gott damit einen Dienst erweist. Sie liebt mit einer so ehrfürchtigen Liebe, selbst wenn sie diese nur dunkel fühlt, daß sie zu seiner Ehre nicht nur die Pein ertragen, sondern viele Tode erleiden möchte. Wenn aber zu dieser Liebe der Hochschätzung Gottes die verzehrende Flamme hinzukommt, dann entfacht der Liebesbrand in ihr ein so ungestümes Lodern zu Gott, daß sie ruhig und kühn und bedenkenlos mit der Kraft und der Trunkenheit ihrer sehnsüchtigen Liebe, achtlos die seltsamsten und ungewöhnlichsten Dinge vollbrächte, um dem, den sie liebt, zu begegnen.

6 Das ist der Grund, weshalb Maria Magdalena, obschon aus achtbarem Geschlecht, sich um die wichtigen oder weniger wichtigen Leute nicht kümmert, die im Haus des Pharisäers geladen waren, und nicht darauf achtet, daß es unschicklich ist, inmitten der Gäste in Tränen auszubrechen. Sie denkt nicht daran, die Zeit zu verschieben und auf eine andere Gelegenheit zu warten, sie sinnt nur auf eines: vor Den zu treten, dessen Liebe ihr Herz schon verwundet und in Brand gesetzt hatte. Und was war es für eine Trunkenheit und Kühnheit ihrer Liebe, da sie wußte, das Grab, darin ihr Geliebter lag, war mit einem Stein versiegelt und bewacht von Soldaten, damit ihn die Jünger nicht stehlen. Aber keines dieser Hindernisse hält sie auf: vor Tagesgrauen geht sie zum Grab, ihn mit Spezereien zu salben.

7 Und schließlich fragt sie in dieser Trunkenheit und sehnenden Angst ihrer Liebe den Mann, den sie für den Gärtner hält und von dem sie meint, er habe ihn aus dem Grab genommen, wohin er ihn gelegt habe, damit sie ihn mitnehmen könne (Joh 20,15). Sie bedenkt nicht, wie sehr diese Frage einem Besonnenen und unbefangenen Urteilenden unsinnig erscheinen muß, denn hätte jener den Leib wirklich entwendet, so ist klar, daß er es ihr nicht gesagt und noch weniger gestattet hätte, ihn wegzunehmen. Aber wenn die Liebe stark und heftig ist, hält sie alles für möglich und stellt sich vor, jedermann müsse ebenso denken wie sie. Darum ist auch die Braut im Hohenlied ausgegangen, um ihren Geliebten auf den Straßen und an den umliegenden Orten zu suchen, sich einbildend, alle übrigen seien vom gleichen Gedanken erfüllt, und sie redet sie an: «Wenn ihr ihn findet, so sagt ihm, ich sei krank vor Liebe» (Hld 5,8). So stark war die Liebe dieser Maria, daß wenn der Gärtner ihr gesagt hätte, wo er den Leichnam verborgen hat, sie hingegangen wäre, um ihn zu holen, wie streng es auch verboten sein mochte.

8 So beschaffen ist das Liebessehnen, das die Seele empfindet, wenn sie in der geistlichen Läuterung fortgeschritten ist. Sie erhebt sich des Nachts, das heißt inmitten der reinigenden Finsternis, und folgt den Neigungen ihres Willens: mit dem Ungestüm und der Kraft einer Löwin oder Bärin, die nach ihren verlorenen Jungen sucht, geht sie, die Verwundete, auf die Suche nach ihrem Gott. Im Finstern weilend fühlt sie sich ohne ihn und siecht doch in einer Liebe zu ihm dahin, die kein Mensch lange aushalten kann, ohne das Ersehnte zu gewinnen oder zu sterben. Rachel hatte ein solches Verlangen nach Kindern, daß sie zu Jakob sagte: «Gib mir Kinder oder ich sterbe» (Gen 30,1).

9 Man muß hier staunen, wie dreist und verwegen die Seele, die sich in der reinigenden Dunkelheit so armselig

und Gottes unwert fühlt, nach der Einigung mit ihm strebt. Die Liebe ist es, die ihr immer mehr Kraft gibt, mit gutem Gewissen zu lieben, und der Liebe ist es eigen, nach Einigung, Verbindung, Gleichförmigkeit und Ähnlichkeit mit dem Geliebten zu streben, um die Liebe selbst zu ihrem Vollmaß zu bringen. Deshalb muß die noch nicht vollkommen liebende Seele, die die Einigung noch nicht erlangt hat, nach der noch fehlenden hungern und dürsten; die ihrem Willen schon verliehenen Liebeskräfte machen sie dreist und verwegen, obschon der noch im Dunkeln lichtlos weilende Verstand sich unwürdig und elend fühlt.

10 Ich will hier nicht unterlassen zu erklären, weshalb das göttliche Licht, das an sich immer Licht für die Seele ist, sie nicht schon bei seinem ersten Einfallen erhellt, wie es das später tun wird, sondern, wie erwähnt, im Gegenteil Dunkel und Mühsal erzeugt. Etwas ist dazu schon gesagt worden; doch ist auf diesen Punkt noch eigens einzugehen. Das Dunkel und die sonstigen Beschwerden, die die Seele beim Einfall des göttlichen Lichtes spürt, stammen nicht vom Licht selbst, sondern von der wahrnehmenden Seele. Das göttliche Licht erhellt sie von vornherein, sie aber nimmt mittels desselben nichts anderes wahr, als was sie angeht, besser: was in ihr selbst ist: ihr eigenes Dunkel und Elend, das ihr endlich durch Gottes Barmherzigkeit bewußt wird, und das sie solange nicht sah, als das übernatürliche Licht ihr nicht gegeben war. Aus diesem Grund spürt sie anfänglich nichts als Finsternis und Beschwerden. Ist sie aber einmal durch Einsicht und Erfahrung ihrer Armseligkeit gereinigt, dann bekommt sie Augen, um die Vorzüge des göttlichen Lichtes zu sehen; sobald die Schatten ihrer Fehler verjagt sind, beginnt sie den Wert und das Kostbare immer mehr zu schätzen, die sie in der seligen Nacht der Beschauung gewinnt.

11 Woraus man ersieht, welche Gunst Gott der Seele erweist, wenn er sie in ihrem sinnlichen und geistigen Teil durch eine so scharfe Lauge und ein so herbes Abführgetränk säubert und heilt von all ihren fehlerhaften Anhänglichkeiten und Gewohnheiten bezüglich Zeitlichem und Natürlichem, Sinnlichem und Geistigem. Gott verdunkelt und verödet ihre innern Fähigkeiten von alldem, treibt sie in die Enge und spült sie aus, schwächt die natürlichen Kräfte und läßt sie abmagern – was alles die Seele sich selber nie hätte verschaffen können, wie demnächst gezeigt werden wird. Kurz, Gott löst sie dergestalt von allem, was nicht naturhaft er selbst ist, entkleidet und entblößt sie von ihrem alten Gewand, um ihr ein neues zu schenken. So erneuert sie sich, wie der Adler seine Jugend wiedergewinnt, fortan mit dem neuen Menschen bekleidet, der nach dem Wort des Apostels gemäß Gott geschaffen ist (Eph 4,24).

Das aber ist nichts anderes als Erleuchtung des Verstandes mit übernatürlichem Licht, so daß er, dem Göttlichen vereint, selber göttlich wird. Der Wille, der seinerseits durch die Gottesliebe ergriffen ist, liebt nicht minder als ein vergöttlichter, er bildet mit dem Willen und der Liebe Gottes nur noch eins. Und dasselbe gilt vom Gedächtnis, von den Neigungen und Strebungen: sie sind gottgemäß und auf göttliche Art verwandelt. Alle diese Verwandlungen schafft Gott aufgrund der dunklen Nacht in der Seele; er erleuchtet sie und läßt sie göttlich entbrennen in Sehnsucht, Gott und gar nichts anderes zu besitzen. Mit gutem Grund fügt sie deshalb den dritten Vers der Strophe bei:

O seliges Geschick!
entfloh ich unbemerkt.

14. KAPITEL
AUFFÜHRUNG UND ERKLÄRUNG DER DREI LETZTEN VERSE DER ERSTEN STROPHE

1 Dieses «selige Geschick» besteht in dem, was die Seele im nächstfolgenden Vers singt:

Entfloh ich unbemerkt,
da nun mein Haus in Ruhe lag.

Sie nimmt das Gleichnis von einem Mann, der, um sein Vorhaben besser zu erreichen, sein Haus zur Nachtzeit verläßt, da die Hausbewohner zur Ruhe gegangen sind, damit niemand ihn störe. Um eine so heldenhafte und einmalige Tat zu vollbringen wie die Einigung mit dem göttlichen Geliebten, hat die Seele hinauszugehen, da der Geliebte sich nur draußen in der Einsamkeit findet. So verlangt auch die Braut, ihn allein zu finden, wenn sie sagt: «Wer gibt dich mir, mein Bruder, daß ich dich fände, allein, draußen, und ich dich küßte?» (Hld 8, 1). Wenn die liebende Seele, um ihr Ziel zu erreichen, so handelt: nachts, da das ganze Hausgesinde ruht, ihr Haus verläßt, so heißt dies, daß durch die Nacht alle ihre niedern Beschäftigungen, Neigungen, Triebe eingeschläfert und stillgelegt sein müssen. Es ist das Gesinde, das sie immer an der Gewinnung ihrer Güter hindert und nicht zuläßt, daß sie sich von ihm freimacht. Es sind jene Hausgenossen, von denen der Herr im Evangelium sagt, sie seien des Menschen Feinde (Mt 10, 36). So mußten ihre Geschäftigkeiten in dieser Nacht zur Ruhe gebracht werden, um das übernatürliche Gut der Liebeseinigung mit Gott nicht zu stören; kann diese doch nicht statthaben, solange jene sich umtreiben. Alle diese natürlichen Regungen hindern mehr den Empfang dieses Gutes, als daß sie ihn förderten; ihre natürliche Fassungskraft ist zu gering für die übernatürlichen Schätze, die Gott allein, ohne ihr Mitwirken, in Geheimnis und Schweigen einflößt. Alle Fähigkeiten haben sich deshalb bei diesem Empfang passiv zu verhalten und sich nicht mit ihren niedern und profanen Kräften einzumischen.

2 Also war es ein seliges Geschick, als die Seele in dieser Nacht das ganze Hausgesinde – alle Vermögen, Leidenschaften, Neigungen, Triebe, die sinnlich oder geistig in der Seele ihr Wesen treiben – zur Ruhe brachte, damit sie unbemerkt und unbehindert von all diesen Vermögen zur geistlichen Einigung in vollkommener Gottesliebe gelangen konnte; denn während sie nachts eingeschläfert und ertötet sind, können sie auf naturhafte Weise weder wahrnehmen noch fühlen und das Heraustreten der Seele aus sich selbst und dem Haus ihrer Sinnlichkeit nicht verhindern.

3 O welch seliges Geschick für die Seele, sich von diesem Haus ihrer Sinnlichkeit befreien zu können! Sie kann es meiner Meinung nach nur dann wirklich verstehen, wenn sie es gekostet hat. Denn erst jetzt sieht sie ein, in welch argem Frondienst sie sich befand, wie elend sie war, als sie unter der Herrschaft ihrer Seelenkräfte und Gelüste stand. Jetzt aber erkennt sie, daß das Leben im Geist wahrhaft Freiheit und Reichtum ist, der unschätzbare Güter in sich schließt. Wir werden einige dieser Güter in den folgenden Strophen aufzählen, wo sich deutlicher erweisen wird, mit wieviel Recht die Seele den Ausgang aus der schrecklichen Nacht ein «seliges Geschick» nennt.

15. KAPITEL
DIE ZWEITE STROPHE UND IHRE DEUTUNG

In Dunkelheit und ungefährdet
auf geheimer Leiter, vermummt,
o seliges Geschick!
in Dunkelheit und im verborgnen
da nun mein Haus in Ruhe lag.

1 Die Seele fährt in dieser Strophe fort, einige Eigenschaften dieser dunkeln Nacht zu besingen, indem sie nochmals vom seligen Geschick spricht, das ihr durch diese zuteil wurde. Sie tut es, um einem stillschweigenden Einwand zu begegnen, und bemerkt, man soll nicht meinen, sie sei in dieser Nacht, da sie soviel Ängste, Zweifel, Argwohn und Schrecken ausgestanden hat, in größerer Gefahr gewesen, verlorenzugehen, sie hat sich vielmehr in der Dunkelheit dieser Nacht gewonnen; denn in ihr hat sie sich all ihren Verfolgern klüglich entzogen, die sie am Vorangehen hinderten: sie hatte sich nämlich im Dunkel der Nacht ihres Gewandes entledigt und sich in ein dreifarbenes Kleid gehüllt, von dem wir später sprechen werden, und war auf einer geheimen Leiter, die niemand im Hause kannte – nämlich der des lebendigen Glaubens –, entwichen, wovon ebenfalls zu handeln sein wird. Sie hätte gar nicht sicherer gehen können, zumal sie in der läuternden Nacht ihre Triebe, Neigungen und Leidenschaften eingeschläfert, ertötet, beseitigt hatte, die, wenn wach und munter, sie nie hätten gehen lassen. Deshalb sagt sie den Vers:

in Dunkelheit und ungefährdet.

16. KAPITEL
ERKLÄRUNG, WESHALB DIE SEELE IM DUNKEL UNGEFÄHRDET WANDELT

1 Die Dunkelheit, von der die Seele hier spricht, bezieht sich, wie wir schon sahen, auf die Begierden und Kräfte, die sinnlichen, innerlichen und geistigen, die alle in dieser Nacht ihres natürlichen Lichtes beraubt werden, um so geläutert zum Empfang des übernatürlichen Lichtes befähigt zu sein. Sinnliches wie geistiges Begehren sind entschlummert und

ertötet, so daß sie weder Göttliches noch Menschliches genießen können. Die Neigungen sind niedergehalten und unterdrückt, so daß sie sich nicht gegen sie regen noch sich auf irgend etwas abstützen können; die Einbildungskraft ist wie gebunden und kann sich in keiner sinnvollen Folge von Vorstellungsbildern ergehen; das Gedächtnis ist erschöpft, der Verstand ist verfinstert und begreift nichts, deshalb ist auch der Wille ausgedörrt und eingeengt; sämtliche Vermögen sind entleert und unnütz. Zu alldem hat sich eine dichte und lastende Wolke über die Seele gesenkt, die sie bedrückt und Gott gleichsam entfremdet. Und auf diese Weise «in Dunkelheit» wandelt die Seele, wie sie sagt, «ungefährdet».

2 Der Grund hierfür wurde bereits hinreichend erklärt. Denn für gewöhnlich irrt die Seele nur, wenn sie ihren Begierlichkeiten und Verlockungen, Überlegungen, Einsichten und Neigungen folgt; dann geht sie zu weit oder zu wenig weit, oder sie ändert die Richtung oder gerät aus der Fassung und wendet sich dabei Dingen zu, die ihr nicht zuträglich sind. Werden aber alle diese Tätigkeiten und Regungen suspendiert, dann ist die Seele offenbar vor Verirrungen gefeit, und sie befreit sich damit nicht nur von sich selbst, sondern auch von ihren übrigen Feinden: der Welt und dem Teufel. Wenn die Neigungen und Tätigkeiten zur Ruhe gebracht sind, können diese von keiner Seite her und auf keine Art mehr gegen sie Krieg führen.

3 Also wandelt die Seele umso sicherer, je mehr sie im Dunkel und in der Leere ihrer natürlichen Tätigkeiten wandelt. Darum sagt der Prophet: «Das Verderben der Seele entsteht nur aus ihr selbst (das heißt aus ihren tätigen und widereinanderstrebenden inneren Gelüsten), das Heil aber (sagt Gott) kommt allein aus mir» (Hos 13,9). Ist die Seele dergestalt vor ihren Gefahren bewahrt, dann kann sie sogleich die Schätze aus ihrer Einigung mit Gott in ihren

Vermögen und Fähigkeiten empfangen, die nun ebenfalls göttlich und himmlisch werden. Blickt die Seele während der Zeit der Dunkelheit in sich, so kann sie deutlich einsehen, wie wenig ihr Streben überflüssigen und gefährlichen Dingen nachgeht, wie sehr sie vor eitler Ehrsucht, Hochmut und Anmaßung, trügerischen Genüssen und vielen andern Dingen gesichert ist. So läuft sie denn im Dunkel keineswegs Gefahr, verlorenzugehen, sondern gewinnt viel, sie gewinnt auf diesem Wege die Tugenden.

4 Hier drängt sich eine Frage auf. Wenn doch die göttlichen Dinge aus sich selbst der Seele wohltun, ihr Gewinn und Sicherheit bringen, warum verdunkelt Gott dann die Fähigkeiten und Kräfte in der Finsternis dieser dunklen Nacht so sehr, daß sie diese Güter nicht einmal sehen und genießen können wie die andern, gar noch weniger als diese? Die Antwort lautet: sie dürfen jetzt nicht wirken und geistliche Dinge genießen, weil sie noch unrein, niedrig und allzu natürlich sind; und selbst wenn man ihnen einigen Geschmack und einige Mitteilungen übernatürlicher und göttlicher Dinge gewährte, sie könnten diese nur ganz niedrig, natürlich und ihrem Zustand gemäß empfangen. In der Tat wird, nach dem Philosophen, jeder Gegenstand nach dem Maß des Empfängers aufgenommen. Da also die natürlichen Fähigkeiten die Anlage, Kraft und Aufnahmefähigkeit nicht besitzen, Übernatürliches nach dem diesem entsprechenden Maß zu empfangen und zu verkosten, nämlich einem göttlichen Maß, können sie es nur nach ihrem eigenen, das, wie gesagt, menschlich und niedrig ist. Sie müssen deshalb bezüglich dieser göttlichen Dinge in die Finsternis der dunklen Nacht getaucht werden. Sind sie einmal entwöhnt, gereinigt und ertötet, so verlieren sie die niedrige, rein-menschliche Art zu wirken und zu empfangen und sind dann geeignet, das Göttlich-Übernatürliche auf hohe und erhabene Art entgegenzunehmen, zu fühlen und zu verkosten. Das alles setzt voraus, daß zuvor der alte Mensch stirbt.

5 Wenn somit das Geistliche nicht von oben, vom Vater der Lichter, unserem menschlichen freien Willen geschenkt wird, so mag der Mensch wohl seinen Geschmack und seine Fähigkeiten darauf richten und Interesse an Gott finden, er wird aber Gott nicht auf göttliche und geistliche Weise verkosten, sondern auf eine rein-menschliche, natürliche, so wie er die andern geschaffenen Dinge genießt, denn die Güter steigen nicht vom Menschen zu Gott auf, sondern von Gott zu den Menschen herab. Wir könnten hier, wenn es der Ort dafür wäre, aufzeigen, wie unzählige Leute ihre Gelüste, Affekte und Tätigkeiten auf Gott hinzuwenden meinen und sich einbilden, all das sei übernatürlich und geistlich, und dabei sind es vielleicht lauter natürliche und menschliche Taten und Geschmäcker. Da sie sich allen Dingen gegenüber so verhalten, tun sie es auch den heiligen Dingen gegenüber, mit der gleichen Leichtigkeit, mit der sie ihre Vermögen jeglichem zuwenden.

6 Findet sich im folgenden Gelegenheit, so werden wir darauf zurückkommen und einige Merkmale angeben, woraus ersichtlich wird, wann diese Regungen und innern Akte der Seele in ihrem Umgang mit Gott natürlich und wann sie geistlich oder auch beides zugleich sind. Hier genügt es zu begreifen, daß wenn diese Akte von Gott auf hohe und göttliche Weise bewegt werden sollen, sie zuvor, was ihr natürliches Wirken angeht, verdunkelt, zur Ruhe gebracht und eingeschläfert werden müssen – bis all ihr Können und Tun in Ohnmacht fällt.

7 Wenn du also, o geistliche Seele, siehst, daß deine Triebe verdunkelt, deine Neigungen ausgedörrt und verengt, deine Kräfte zu jeglichem innern Akte unfähig sind, so nimm es nicht schwer, sondern halte es für ein glückhaftes Abenteuer. Denn Gott ist dran, dich von dir selber zu befreien, deine Vermögen deinen Händen zu entwinden. Hättest du damit noch so trefflich gewirkt, so doch nicht so gut und

richtig und sicher wie jetzt, weil sie unrein und niedrig sind. Gott ergreift deine Hand und führt dich wie einen Blinden, und du kennst weder das Ziel noch den Weg, da du mit den eigenen Augen und Füßen, auch bei glücklichstem Wandeln, nie hingefunden hättest.

8 Ein anderer Grund, weshalb die Seele in diesem Dunkel nicht nur sicher wandelt, sondern immer besser vorankommt, ist der: ihr Fortschritt kommt meist von einer Seite her, von der sie ihn am wenigsten erwartet, nämlich wenn sie irrezugehen meint. Da sie das Neue nicht kennt, das sie von ihrer früheren Handlungsweise entfernt, glaubt sie eher ihrem Verderben entgegenzugehen als auf ihr Ziel fortzuschreiten. Erlebt sie doch, daß sie in allem, was ihr bekannt und erfreulich erschien, Verluste erleidet und an Orte geführt wird, wo sie nichts kennt und ihr nichts behagt. Ein Reisender, der durch unbekannte, noch unerforschte Gegenden wandert, richtet sich nicht nach seinen bisherigen Kenntnissen, sondern – zweifelnd – nach den Aussagen anderer. Und es ist klar, daß er nicht in neue Gegenden gelangt und mehr erfährt, als er zuvor wußte, falls er nicht neue, völlig unbekannte Wege einschlägt und die bekannten verläßt. Und nicht anders steht es mit einem, der in einem Handwerk oder einer Kunst nur Einzelheiten kennt, sich aber vervollkommnen möchte. Er bewegt sich im Dunkeln, ohne die Hilfe seines bisherigen Wissens, denn ließe er dieses nicht zurück, so käme er nie voran. Und desgleichen die Seele: wenn sie wirklich fortschreitet, gelangt sie ins Dunkle und Unbekannte; Gott ist, wie wir sagten, der Meister und Führer dieses Blinden, der die Seele ist. Und da sie dies jetzt begriffen hat, kann sie sich wahrlich freuen und sagen:

in Dunkelheit und ungefährdet.

9 Ein weiterer Grund, weshalb die Seele, im Finstern ausschreitend, ungefährdet ist, liegt darin, daß sie leidet. Der

Weg des Leidens aber ist sicherer und vorteilhafter als der des Genießens und der Tätigkeit. Einmal, weil man im Leiden Kräfte von Gott bekommt; wenn man dagegen handelt und genießt, setzt man die eigenen Schwächen und Unvollkommenheiten in Bewegung; sodann auch, weil man nur im Leiden sich allmählich in der Tugend übt und vorankommt, sich innerlich läutert und weise und vorsichtig wird.

10 Aber ein noch wesentlicherer Grund, weshalb die Seele sich im Dunkel sicher bewegt, stammt aus dem dunkeln Licht, der dunklen Weisheit selbst. Die Nacht der Beschauung verabgründet die Seele so in sich und bringt sie so nahe zu Gott, daß sie sie vor allem, was nicht Gott ist, schützt. Sie befindet sich hier wie in Behandlung, um ihre Heilung zu erlangen, und dieses Heil ist Gott selbst. Seine Majestät hat ihr Diät und Enthaltung von allem verschrieben, ja ihr den Appetit nach jeglichem entzogen. Nicht anders, als wenn ein geliebter Kranker im Hause eingeschlossen gehalten wird; er soll keinem Luftzug ausgesetzt sein, er darf auch das Licht nicht schauen, keine Schritte hören, nicht einmal die Geräusche im Hause; man reicht ihm nur ausgesuchte Speisen, wobei mehr auf den Nährgehalt als auf den Wohlgeschmack geachtet wird.

11 Alle diese Umstände, die die Seele in Sicherheit bringen und schützen sollen, sind der dunklen Nacht der Beschauung zu verdanken. Denn je mehr die Seele sich Gott nähert, desto größeres Dunkel gewahrt sie, dem gleich, der unmittelbarer in die Sonne blicken will, durch ihre Strahlkraft umso geblendeter wäre, je schwächer und trüber seine Augen sind. Denn Gottes Licht ist so unermeßlich und übersteigt den natürlichen Verstand so sehr, daß es umso mehr blendet, je näher er herantritt. Darum sagt David im 17. Psalm, Gott habe sein Versteck und sein Gezelt rings in dunkles Gewölk und finsteres Luftgewässer gehüllt (17, 12).

Dieses in den Wolken enthaltene dunkle Wasser bedeutet die dunkle Beschauung und göttliche Weisheit, wie bald erklärt werden wird. Die Seelen, die von Gott angezogen werden, erfahren es allmählich als das, was in der Nähe Gottes ist, wie ein Gezelt, in dem er wohnt. Was in Gott höchstes Licht, höchste Klarheit ist, wirkt nach Paulus auf den Menschen als tiefste Finsternis, was auch David im angeführten Psalm bestätigt: «Vor dem Glanz seines Angesichts zogen Wolken dahin» (17,13), nämlich über den natürlichen Verstand, dessen Licht nach Jesaja in seinem Dunkel verloschen ist: *obtenebrata est in caligine eius* (5,30).

12 O wie erbarmenswert ist doch das Geschick unseres Daseins, wo man in solcher Gefahr schwebt und schwer zur Erkenntnis der Wahrheit gelangt! Das Klarste und Wahrste erscheint uns als das Dunkelste und Ungewisseste, und wir fliehen davor, obschon es uns das Zuträglichste wäre, und greifen nach dem, was uns anfunkelt und unsere Blicke ergötzt; das umarmen wir und jagen ihm nach, obschon es für uns das Schlimmste ist und uns bei jedem Schritt stolpern läßt. In welcher Gefahr und Angst lebt doch der Mensch, da das natürliche Licht der Augen, das ihn erleuchten soll, ihn von vornherein blendet und auf seinem Weg zu Gott irreführt – während er, um den Weg, den er gehen soll, zu wandeln, die Augen schließen und im Finstern schreiten sollte, um vor seinen Feinden im eigenen Haus, seinen Sinnen und Seelenkräften, gesichert zu sein.

13 Hier im dunkeln Gewölk, das Gott umringt, ist die Seele wohlversteckt und behütet; denn wie es Gott selbst als Zelt und Wohnung dient, so findet auch sie darin sicheren Schutz – gerade auch, wenn sie im Dunkeln verharrt, wo sie vor sich selber und vor jeder Schädigung durch andere Geschöpfe verwahrt ist. Von diesen Seelen spricht David noch in einem andern Psalm: «Du wirst sie verbergen in der Verborgenheit deines Antlitzes vor der Verfolgung der Men-

schen, wirst sie behüten in deinem Gezelt vor dem Hader der Zungen» (30,12). Damit ist vielerlei Art des Schutzes zum Ausdruck gebracht. Denn im Antlitz Gottes geborgen sein vor der Verfolgung der Menschen heißt durch die dunkle Beschauung gegen jede unvermutete Gefährdung von seiten der Menschen gewappnet sein. Und in seinem Zelt vor dem Hader der Zungen geschützt sein heißt Versenktsein in jenes dunkle Gewässer, das, wie wir sahen, für David das Zelt Gottes ist. Ist somit die Seele aller Triebe entwöhnt und in allen Neigungen verdunkelt, so ist sie ihrer Fehler ledig, die dem Geist widerstreiten, mögen sie dem eigenen Fleisch oder andern Geschöpfen entstammen. Und so kann sie getrost von sich sagen, sie wandle «in Dunkelheit und ungefährdet».

14 Da ist noch eine nicht weniger wichtige Ursache, die verständlich macht, weshalb die Seele im Dunkeln gesichert wandelt: nämlich die Kraft, die das dunkle und schmerzvolle Gottesgewölk der Seele verleiht. Obschon es ihr finster und peinlich erscheint, ist es doch Wasser, das sie erfrischt und stärkt für das, was ihr am bekömmlichsten ist. Und alsogleich entdeckt sie in sich eine feste Entschiedenheit, nichts zu tun, von dem sie weiß, daß es Gott beleidigt, nichts zu unterlassen, womit sie meint ihm dienen zu können. Dank der dunklen Liebe ist sie von wachem Eifer beseelt, nur das zu tun und zu unterlassen, was Gott Freude macht; sie fragt sich viele Male, ob sie nicht Anlaß bot, ihn zu beleidigen. In alldem zeigt sie weit mehr Sorgfalt als früher, wie schon aus dem über die Sehnsüchte der Liebe Gesagte hervorgeht. Jetzt zielen alle Kräfte der Seele, weil von allem übrigen abgelöst, mit voller Kraft auf den Dienst Gottes hin. Und so geht die Seele aus sich und allen geschaffenen Dingen aus, der süßen Liebeseinigung mit Gott entgegen, «in Dunkelheit und ungefährdet»

auf geheimer Leiter, vermummt.

17. KAPITEL
ERKLÄRUNGEN, INWIEFERN DIESE DUNKLE BESCHAUUNG «GEHEIM» IST

1 Drei Worte in diesem Vers sind zu erklären: die beiden Worte «geheim» und «Leiter» beziehen sich auf die dunkle Nacht der Beschauung, das dritte, «vermummt», bezieht sich auf das Verhalten der Seele in dieser Nacht. Zunächst also nennt hier die Seele die dunkle Beschauung, durch die sie zur Liebeseinigung gelangt, eine «geheime Leiter», weil sie einerseits geheim und anderseits eine Leiter ist; wir wollen von beiden Eigenschaften getrennt handeln.

2 Sie nennt die dunkle Beschauung geheim, denn sie ist, wie wir früher sagten, die mystische Theologie, von den Theologen geheime Weisheit genannt. Nach dem heiligen Thomas (S. Th. II II 180, 1) wird sie der Seele durch die Liebe verliehen und eingegossen, und dies auf geheime Weise, während die natürliche Ausübung des Verstehens und die übrigen Seelenkräfte in Dunkel gehüllt sind. Diese sind alle unfähig, solches zu erreichen, einzig der Heilige Geist flößt die Liebe ein, ordnet die Vermögen in ihr, die, nach dem Wort der Braut im Hohenlied, es nicht gemerkt hat und nicht weiß, wie es geschah. Und nicht nur die Seele hat es nicht begriffen, sondern niemand, auch der Teufel nicht. Denn der Meister allein, der die Seele belehrt, wohnt substantiell innen in ihr, wohin weder der Dämon, noch die natürlichen Sinne, noch der Verstand hindringen können.

3 Und nicht nur deshalb nennt man sie geheim, sondern auch wegen der Wirkungen, die sie in der Seele erzeugt. Sie ist geheim nicht nur, wenn die Seele in ängstlicher Finsternis weilt und die Liebesweisheit sie dergestalt läutert, daß sie sich darüber nicht äußern kann; sie ist es auch später, wenn die Seele schon erleuchtet ist und die Weisheit sich heller mitteilt; auch dann bleibt sie so geheim, daß die Seele

sie nicht ausdrücken und richtig benennen kann. Abgesehen davon, daß es ihr gar nichts sagt, darüber zu reden, findet sie auch keinen passenden Ausdruck, keinen Vergleich, kein Mittel, um eine so tiefe Einsicht und ein so zartes Gespür zu bezeichnen. Und hätte sie auch den innigsten Wunsch, sich mitzuteilen und suchte nach vielen Umschreibungen, das Gemeinte bliebe doch immer Geheimnis und unausgesagt. Die innere Weisheit ist so einfach, universal und geisthaft, daß sie sich nicht eingehüllt in eine den Sinnen zugängliche Form oder ein Bild zu verstehen gibt; die Sinne und die Einbildungskraft, die ihren Eingang nicht vermittelt und ihr Kleid oder ihre Farbe nicht wahrgenommen haben, sind unfähig, sie zu bezeichnen, auch wenn die Seele sich klar bewußt ist, diese schmackhafte geheimnisvolle Weisheit zu erfahren und zu verkosten. Sie ist wie jemand, der eine Sache erstmals erblickt und nie etwas Ähnliches gesehen hat: er versteht sie und freut sich daran, obschon er ihr keinen Namen zu geben noch ihr Wesen zu bezeichnen vermag, auch wenn er sich anstrengt und die Sache durch die Sinne hindurch sieht. Umso weniger vermag er's, wenn etwas nicht durch die Sinne eingedrungen ist. Das aber ist der Sprache Gottes eigen, daß sie sich im Innersten und Geistigsten der Seele hörbar macht, jenseits aller Sinne; sie zwingt die ganze Harmonie und Geschicklichkeit der äußern und innern Sinne zu versiegen und zu verstummen.

4 Dafür gibt es Zeugnisse und Beispiele in der Heiligen Schrift. Jeremia deutet auf die Unmöglichkeit, Gottes Sprache äußerlich wiederzugeben, wenn er nach der Anrede Gottes an ihn nichts anderes antworten kann als A, a, a (1,6). Die innere Unfähigkeit der Phantasie wie auch die äußere der Sprache zeigt uns Mose angesichts des brennenden Dornbuschs (Ex 4,10). Er antwortet Gott nicht nur, daß er nicht mehr zu reden wisse, sondern (wie die Apostelgeschichte sagt: 7,32), ihn nicht einmal mehr kraft seiner Phantasie anzusehen wage; ihm schien, seine Einbildungs-

kraft sei sehr weit entfernt, sich etwas von dem vorzustellen, was er von Gott verstand, ja überhaupt sich einen Begriff davon zu bilden. Und wenn die Weisheit dieser Beschauung das Sprechen Gottes zur Seele ist, das Sprechen eines reinen Geistes zu einem reinen Geist, dann kann alles, was tiefer liegt als der Geist, wie die Sinne, dies nicht erfassen, es bleibt ein Geheimnis; sie fassen es nicht und finden keinen Ausdruck dafür, ja sie tragen nicht einmal Verlangen danach, da sie es nicht vernehmen.

5 Wir verstehen nun, weshalb manche Leute, die auf diesem Weg wandeln und gute und ängstliche Seelen sind, ihren Seelenführern Rechenschaft über ihre Erfahrungen ablegen möchten, sich aber nicht auszudrücken wissen. Deshalb spüren sie starken Widerwillen, sich zu äußern, vor allem, wenn die Beschauung etwas einfacher ist und innerlich kaum wahrgenommen wird. Sie können dann bloß sagen, sie seien zufrieden, glücklich und in Ruhe, sie schmeckten Gott und hätten das Gefühl, auf dem rechten Weg zu sein. Was sie wirklich erfahren, können sie nicht sagen, es sei denn in den erwähnten allgemeinen Umschreibungen. Anders verhält es sich, wo besondere Gnaden wie Visionen, Empfindungen und dergleichen im Spiel sind; denn meist offenbaren sie sich in einer sinnlichen (oder sinnenähnlichen) Gestalt, und von dieser aus kann man sprechen; aber dann entspricht diese Möglichkeit der Aussage nicht mehr der reinen Beschauung, die, wie gesagt, unaussprechlich ist und deshalb als «geheim» bezeichnet wird.

6 Aber nicht nur deshalb wird die mystische Weisheit geheim genannt – und sie ist es –, sondern auch, weil sie die Seele vor sich selbst zu verbergen pflegt. Außer ihren gewohnten Wirkungen saugt und taucht sie die Seele zuweilen in ihren geheimen Abgrund hinein, wo sie deutlich einsieht, wie grenzenlos sie von allen Geschöpfen abgetrennt ist: versetzt in eine tiefe und weite Einsamkeit, wo nichts Ge-

schöpfliches hinreicht, gleichsam in eine unermeßliche, allseits grenzenlose Wüste, die aber umso wonniger, köstlicher, liebereicher ist, je weiter und verlassener sie sich hindehnt. Und die Seele fühlt sich darin umso geheimer, je erhobener sie sich über alles Kreatürliche sieht. In diesem Weisheitsabgrund steigt die Seele auf, sie wächst, indem sie sich an den Quellen der Liebeswissenschaft selber tränkt. Sie erkennt, wie niedrig alles Menschliche ist, verglichen mit der Einsicht und Wissenschaft Gottes, und darüber hinaus, wie unzulänglich alle Bezeichnungen sind, womit man hienieden von den göttlichen Dingen redet. Und schließlich begreift sie, wie unmöglich es ist, durch natürliche Anstrengungen – wie tiefsinnig und geistreich man darüber auch spreche – das Göttliche so zu erkennen und zu fühlen, wie es in sich ist. Soll das geschehen, so muß sie durch die erwähnte mystische Theologie erleuchtet werden. Nur kraft dieser Erleuchtung erblickt die Seele die unvorstellbare und noch weniger in gemeiner Menschensprache ausdrückbare Wahrheit, weshalb sie mit Recht als «geheim» bezeichnet wird.

7 Die göttliche Beschauung ist geheim und übersteigt menschliche Fassungskraft nicht nur, weil sie übernatürlich ist, sondern auch, weil sie die Seele zu den Vorzügen der Einigung mit Gott führt. Da diese menschlicherweise unerkennbar sind, muß man durch menschliches Nichterkennen und durch göttliches Nichtwissen zu ihnen gelangen. Mystisch gesprochen, wie wir es hier tun, werden die göttlichen Vollkommenheiten und Dinge nicht erkannt, solange man sie noch sucht und sich auf sie einübt, sondern erst wenn sie gefunden und erfahren worden sind. Der Prophet Baruch sagt diesbezüglich von der göttlichen Weisheit: «Niemand kann die Wege zu ihr hin erkennen noch die Pfade zu ihr hin erkunden» (3,31). Und der königliche Prophet, Gott anredend, sagt über die Wege der Seele: «Deine Blitze zuckten über den Erdkreis hin, die Erde er-

bebte und erzitterte; dein Weg ging durch das Meer und deine Pfade führten durch gewaltige Wasser, aber deine Spuren lassen sich nicht verfolgen» (Ps 76,19).

8 Dies alles bezieht sich geistlicherweise auf unser Thema. Das Licht, das der aufzuckende Blitz Gottes auf die Erde wirft, bezeichnet das Licht, das die göttliche Beschauung auf die Seelenkräfte verbreitet; das Zittern und Beben der Erde sinnbildet die schmerzliche Läuterung, die die Seele dadurch erleidet. Wenn der Weg Gottes, auf dem die Seele zu ihm gelangt, das Meer heißt, wenn seine Pfade durch gewaltige Wasser führen, dann beweist dies, daß der zu Gott geleitende Weg für die Sinne der Seele ebenso verborgen und geheim ist wie für die Körpersinne eine Straße auf dem Meer, deren Fährte man nicht verfolgen kann. So bleiben auch Gottes Fußstapfen in den Seelen, die er an sich ziehen und der Einigung mit seiner Weisheit würdigen will, unbekannt. Ijob, der dieses Vorgehen Gottes preisen will, sagt: «Hast du die großen Straßen der Wolken erkannt und hast du das vollendete Wissen?» (37,16). Und er versteht darunter die Wege und Pfade, die Gott verfolgt, um die Seelen – durch die Wolken versinnbildet – in seiner Weisheit zu erhöhen und zu vervollkommnen. Damit ist bewiesen, daß die zu Gott führende Beschauung eine geheime Weisheit ist.

18. KAPITEL
ERKLÄRUNG, WIE DIESE VERBORGENE WEISHEIT AUCH EINE LEITER IST

1 Noch bleibt der zweite Punkt zu betrachten, inwiefern die verborgene Weisheit eine «Leiter» ist; sie kann – was wissenswert ist – aus vielen Gründen so bezeichnet werden.

Zunächst: wie man sich einer Leiter bedient, um eine Festung zu erstürmen und sich in den Besitz ihrer Vorräte, Schätze und anderer Gegenstände zu bringen, so dient die geheime Beschauung der Seele, ohne daß diese wüßte wie, dazu, bis zu den himmlischen Gütern und Schätzen aufzusteigen, sie kennenzulernen und sie zu erwerben. Der königliche Prophet macht das deutlich: «Wohl dem, der seine Hilfe auf dich setzt. In seinem Herzen hat er Aufstiege vorgenommen, aus diesem Tal der Tränen wird er emporsteigen bis zum gesetzten Ziel; der den Befehl gegeben, gibt auch seinen Segen. So steigen sie von Kraft zu Kraft (das heißt von einer Sprosse zur andern), bis sie auf Zion den Gott der Götter schauen» (Ps 83,6,8).

2 Ferner läßt sich die geheime Beschauung als «Leiter» bezeichnen, sofern die gleichen Sprossen zum Auf- und zum Abstieg dienen, und entsprechend die geheime Beschauung die gleichen Gnaden verwendet, um die Seele zu Gott zu erheben und sie in sich selbst zu demütigen. Allen Gnaden, die wirklich von Gott stammen, eignet dies, daß sie die Seele sowohl erniedrigen wie erhöhen. Auf diesem Weg ist der Abstieg ein Aufstieg und der Aufstieg ein Abstieg, denn «wer sich erhöht, wird erniedrigt werden, und wer sich erniedrigt, wird erhöht werden» (Lk 14,11). Abgesehen davon, daß die Tugend der Demut etwas Großes ist, worin die Seele sich übt, läßt Gott sie für gewöhnlich auf dieser Leiter emporsteigen, damit sie darauf niedersteige, und sie darauf niedersteigen, damit sie darauf aufsteige, gemäß dem Wort des Weisen: «Bevor des Menschen Herz zerbrochen wird, wurde es erhöht, und bevor es verherrlicht wird, wurde es gedemütigt» (Ps 18,22).

3 Stellt man sich auf den natürlichen Standpunkt (da das Geistige, das wir jetzt beiseite lassen, nicht wahrgenommen wird), so wird eine achtsame Seele sehr leicht die Wechselfälle wahrnehmen, denen sie auf diesem Weg unterworfen ist: dem Wohlergehen, dessen sie sich erfreut, folgt bald irgendein Gewitter und eine Bedrängnis; ja das Wohlergehen scheint ihr nur verliehen, um sie auf die folgenden

Mißgeschicke vorzubereiten; anderseits folgt dem Elend und den Bedrängnissen wieder Fülle und Friede, und dann kommt es der Seele vor, man habe ihr nur ein Vigilfasten auferlegt, um sie auf das kommende Fest vorzubereiten. Das ist der gewöhnliche Rhythmus im Stand der Beschauung. Bis man zum Stand der Ruhe gelangt ist, bleibt man nie auf der gleichen Stelle, sondern steigt immer aufwärts und abwärts.

4 Der Grund ist der: der vollkommene Stand besteht in der vollkommenen Liebe zu Gott und Verachtung seiner selbst; ist dieses Doppelte nicht gegeben, so kann er nicht bestehen: Gott muß vorweg die Seele unbedingt in beides einüben, ihr das eine zu kosten geben, dessen Erhabenheit sie erkennt, sie dann wieder durch Demütigungen prüfen, bis daß sie die vollkommene Zuständlichkeit erreicht hat; dann hört das Auf- und Absteigen auf, sie hat ihr Ziel erlangt und sich mit Gott vereinigt, der zuoberst auf der Leiter steht, die ihren Stützpunkt in ihm hat, denn die ganze Leiter der Beschauung stammt von ihm her. Sie ist vorgebildet in der Leiter, die Jakob im Traum sah, auf der die Engel auf- und niederstiegen, von Gott zum Menschen herab und vom Menschen zu Gott empor, der zuoberst das Ganze stützte (Gen 28,12). Der Traum, sagt die Schrift, geschah des Nachts, während Jakob schlief; damit wird bedeutet, wie geheim und wie verschieden von jedem menschlichen Ersinnen dieser zu Gott aufsteigende Weg ist. Scheint uns doch für gewöhnlich das, was uns am ersprießlichsten wäre, der Selbstverlust, das schlimmste der Übel, während das weniger Förderliche, Trost und Erquickung, uns als Glücksfall vorkommt.

5 Um nun aber wesentlicher und eigentlicher von dieser Leiter geheimer Beschauung zu sprechen: der Hauptgrund, warum sie als Leiter bezeichnet wird, liegt darin, daß sie eine Wissenschaft der Liebe ist, eine eingegossene und

liebende Erkenntnis Gottes, die die Seele sowohl erleuchtet wie in Liebe entbrennen läßt, um sie von Sprosse zu Sprosse bis zu Gott, ihrem Schöpfer, zu erheben. Denn einzig die Liebe eint und verbindet die Seele mit Gott. Um der größeren Klarheit willen aber wollen wir im folgenden die einzelnen Sprossen der Leiter angeben und in Kürze die Anzeichen und Wirkungen einer jeden beschreiben, so daß die Seele erkennen kann, auf welcher sie sich befindet. Wir werden sie in der Weise unterscheiden wie der hl. Bernhard und der hl. Thomas[1] es tun. Da diese Liebesleiter, wie erwähnt, so verborgen ist, daß Gott allein sie messen und wägen kann, können ihre Sprossen unmöglich natürlicherweise erkannt werden.

19. KAPITEL
ERKLÄRUNG DER ZEHN SPROSSEN DER MYSTISCHEN LEITER DER GOTTESLIEBE NACH BERNHARD UND THOMAS. DIE FÜNF ERSTEN SPROSSEN

1 Der Sprossen an der Leiter der Liebe, auf der die Seele zu Gott aufsteigt, sind zehn. Die erste läßt die Seele zu ihrem Vorteil erkranken. Hier stand die Braut des Hohenliedes, als sie sprach: «Ich beschwöre euch, ihr Töchter von Jerusalem: wenn ihr meinen Geliebten findet, sagt ihm, daß ich vor Liebe krank bin» (5,8). Doch ist diese Krankheit nicht zum Tode, sondern zur Verherrlichung Gottes, denn in ihr stirbt die Seele der Sünde und allem ab, was nicht Gott ist. David bezeugt es, wenn er sagt: «Meine Seele schmachtet dahin», nämlich allen Dingen gegenüber, «um dein Heil zu erlangen» (Ps 142,7; 118,81). Wie der Kranke den Appetit und den Geschmack an allen Dingen einbüßt, so verliert die Seele auf dieser Stufe den Geschmack an allem Irdischen und wechselt, wie eine Liebende, die Farbe; alles im vergangenen Leben wird ihr unwesentlich. Diese Krankheit

aber befällt die Seele nur, wenn von oben ein Übermaß an Feuer auf sie herabfällt, wie David im folgenden Vers anzeigt: «Einen Regen nach deinem Willen hast du, Gott, auf dein Erbe herabgesandt», sie wird davon krank werden, aber «du wirst sie vollkommen machen» (Ps 67, 20). Solches Kranksein und Schwinden der Kräfte bezüglich allen Dingen als erste Stufe des Weges zu Gott haben wir früher hinreichend erklärt, als wir von der Vernichtigung sprachen, in der sich zu Beginn der beschaulichen Reinigung die Seele befindet. An nichts konnte sie da Geschmack, Tröstung, Beruhigung finden. So beeilt sie sich, diese Sprosse zu verlassen und die zweite zu erklimmen.

2 Auf der zweiten Sprosse sucht die Seele Gott ohne Unterlaß. Wenn deshalb die Braut nachts ihren Bräutigam gesucht und ihn nicht auf ihrem Lager (auf dem sie krank lag) gefunden hat, spricht sie: «Ich will mich aufmachen und ihn suchen, den meine Seele liebt» (3, 2). Und dies tut sie, wie gesagt, ununterbrochen, wozu auch David rät: «Sucht den Herrn, sucht sein Antlitz immerfort» (Ps 104, 4), läßt nicht ab, bis ihr ihn gefunden habt, wie die Braut bei den Wächtern nach ihrem Geliebten fragte und dann sogleich weiterging und sie stehenließ. So tat auch Maria Magdalena, da sie nicht einmal auf die Engel am Grabe achtete (Joh 20, 12). Auf dieser Stufe ist die Seele so sehr vom Gedanken an den Geliebten eingenommen, daß sie überall nach ihm forscht, mit jedem Gedanken verweilt sie beim Geliebten; was immer sie redet oder tut, sie redet von ihm und ist mit ihm befaßt; ob sie ißt oder schläft oder wacht oder irgendeine Arbeit verrichtet, ihre einzige Sorge ist der Geliebte. Wir sprachen davon anläßlich der Ängstlichkeiten der Liebe. Und da die Liebe auf dem Weg der Gesundung ist, gewinnt die Seele auf dieser zweiten Sprosse neue Kräfte, um sich alsbald aufgrund einer neuen beschaulichen Reinigung zur dritten hin aufzumachen, die in ihr folgende Wirkungen hervorbringt.

3 Die dritte Stufe der Liebesleiter versetzt die Seele in Tätigkeit und verleiht ihr einen unermüdlichen Eifer. Der königliche Prophet spricht davon, wenn er sagt: «Selig der Mann, der den Herrn fürchtet, denn er ist eifrig bestrebt, seine Gebote zu halten» (Ps 111, 1). Wenn schon die Furcht, die eine Tochter der Liebe ist, ein solches Verlangen hervorruft, was wird dann erst die Liebe selbst erzeugen? Auf dieser Sprosse achtet die Seele alle Großtaten, die sie für den Geliebten vollbracht hat, für gering, das Viele für Weniges, die lange Zeit, die sie ihm dient, für kurz: so wirkt sich in ihr der Feuerbrand der Liebe aus. Dem Jakob erschienen die weiteren sieben Jahre, die er nach Ablauf der ersten sieben noch zu dienen hatte, ob der Macht seiner Liebe als kurze Frist (Gen 29, 20). Wenn nun die Liebe Jakobs, die doch nur einem Geschöpf galt, soviel vermochte, was wird dann die Liebe zum Schöpfer vermögen, wenn sie die auf die dritte Stufe gelangte Seele erfaßt hat? Diese ist davon so sehr durchdrungen, daß sie untröstlich ist, für Gott nicht mehr zu leisten. Es wäre für sie ein Trost, sich tausendmal für ihn hinzuopfern. Sie hält sich bei allem, was sie tut, für unnütz, ihr Leben selber scheint ihr ein vergebliches. Daraus erwächst in ihr eine andere wundersame Wirkung: sie ist fest überzeugt, das Schlimmste aller Geschöpfe zu sein, einmal weil die Liebe sie immer mehr lehrt, was sie Gott schuldet, sodann, weil sie die Unzulänglichkeit der vielen vollbrachten Werke einsieht und beschämt ist darüber: wie armselig ist ihr Dienst an einem so hohen Herrn! So ist sie auf dieser Stufe weit entfernt von eitler Ehrsucht, Überheblichkeit und Verurteilung der andern. Solche Besorgnis bringt neben vielen andern Wirkungen die dritte Sprosse in ihr hervor und gibt ihr Mut und Kraft, die folgende zu erklimmen.

4 Die vierte Sprosse der Liebesleiter verursacht in der Seele ein ständiges Leiden um des Geliebten willen. Denn nach den Worten des heiligen Augustinus läßt die Liebe alles Große, Schwere und Lästige als nichtig erschei-

nen. Hier sprach die Braut des Hohenliedes, im Verlangen, sich schon auf der obersten Stufe zu befinden, zu ihrem Bräutigam: «Setze mich wie ein Siegel auf dein Herz, wie ein Siegel auf deinen Arm, denn stark wie der Tod ist die Liebe, hart wie das Totenreich ist ihr Eifer» (8,6). Der Geist erreicht hier soviel Kraft, er beherrscht das Fleisch so vollständig, daß er es ebensowenig achtet wie der Baum eines seiner Blätter. In keiner Weise sucht die Seele mehr Trost: weder in Gott noch in irgendeinem Geschöpf; sie hat keinen Wunsch, sie nimmt sich nicht heraus, Gnaden von Gott zu erbitten, sie sieht ja, daß sie deren schon so viele erhalten hat. Sie begehrt nur nach einem: Gott zu gefallen und ihm wenigstens einigermaßen so zu dienen, wie er es verdient und sie es ihm ob der erhaltenen Wohltaten schuldet. Mit Herz und Geist ruft sie aus: Ach, mein Herr und Gott, wie viele suchen bei dir nur Gunsterweise und Tröstungen; wie wenige aber möchten dir gefallen und etwas vom Ihren dir geben, auch unter Hintansetzung ihres Sonderwillens! Der Fehler liegt nicht bei dir, o Gott, denn du bist immer bereit, uns neue Wohltaten zu erweisen, nur wir unterlassen es, sie zu deinem Dienst zu verwenden und dich dadurch zu bestimmen, uns weiterhin wohlzutun. Diese Sprosse der Liebe liegt sehr hoch. Da die Seele ständig mit echter Liebe und mit dem Willen, für Gott zu leiden, ihm entgegengeht, schenkt seine Majestät hier häufig, ja gewöhnlich den Genuß eines wonnevollen Besuches im Geiste. Die unendliche Liebe Christi, des menschgewordenen Wortes, für seine Geliebte kann diese nicht leiden lassen, ohne ihr Erleichterung zu verschaffen. Er selbst sagt es uns durch die Worte Jeremias: «Ich habe mich deiner erinnert, mich deiner zarten Jugend erbarmt, als du mir folgtest in der Wüste» (2,2). Geistlich besagt die Wüste hier die innere Loslösung von allen Geschöpfen, wozu die Seele gelangt ist, die an nichts mehr hängt und in nichts mehr ruht. Diese vierte Sprosse entflammt sie mit solcher Sehnsucht nach Gott, daß sie ihr hilft, zur folgenden fünften aufzusteigen.

5 Die fünfte Sprosse der Liebesleiter veranlaßt die Seele, Gott mit Ungeduld zu erstreben. Jetzt ist ihre Sehnsucht nach dem Besitz des Geliebten und nach der Vereinigung mit ihm so heftig geworden, daß die kleinste Verzögerung ihr lang, beschwerlich, unerträglich erscheint und sie sich immer einbildet, den Geliebten gefunden zu haben. Wenn sie sich in ihrer Hoffnung getäuscht sieht – was ihr fast dauernd zustößt –, dann siecht sie dahin, wie der Psalmist es für diesen Grad ausdrückt: «Es sehnt sich und schmachtet meine Seele nach den Hallen des Herrn» (83,3). Auf dieser Stufe muß die Liebende entweder zur Schau des Geliebten gelangen, oder sie muß sterben. Rachel empfand in ihrer übergroßen Sehnsucht nach Kindern solches, da sie zu ihrem Gatten Jakob sprach: «Gib mir Kinder, sonst sterbe ich» (Gen 30,1). Diese Seelen leiden hier Hunger wie Hunde und streifen suchend rings um die Stadt Gottes. Vor Hunger schmachtend nährt die Liebe sich auf dieser Stufe von der Liebe; und je größer der Hunger, desto größer die Nötigung, womit wir zur nächsten Stufe übergehen können, die folgende Wirkungen zeitigt.

20. KAPITEL
DIE FÜNF ÜBRIGEN SPROSSEN DER LIEBE

1 Die sechste Stufe läßt die Seele Gott leichten Fußes entgegeneilen und oftmalige Berührungen von ihm erhalten. Mit Hoffnung läuft sie, ohne den Mut sinken zu lassen; hat doch die Liebe sie so gestärkt, daß sie schwerelos dahinfliegen kann. Über diese Stufe sagt der Prophet Jesaja: «Die auf den Herrn hoffen, erneuern ihre Kraft, sie nehmen Adlerschwingen an, sie eilen mühelos dahin, sie kommen voran und werden nicht matt» (Jes 40,31), wie dies auf der fünften Sprosse geschah. Zur sechsten gehört auch der Ausspruch des Psalms: «Wie der Hirsch nach den Wasserquellen dürstet, so lechzt meine Seele nach dir, o Gott» (41,2).

Denn der dürstende Hirsch läuft behend zum Wasserquell hin. Der Grund für diese Behendigkeit der Liebe besteht hier darin, daß die Liebe sich in der Seele sehr ausgeweitet hat und ihre Reinigung von allen Dingen fast vollendet ist, wie auch der Psalm sagt: «Ohne Fehl wandle ich dahin» (58,5), oder ein anderer Psalm: «Ich lief auf dem Weg deiner Gebote dahin, als du mein Herz ausdehntest» (118,32). Und so geht sie alsbald von der sechsten zur folgenden Sprosse über.

2 Die siebte Sprosse dieser Leiter verleiht der Seele einen stürmischen Wagemut. Hier läßt sich ihre Liebe nicht mehr von Überlegungen leiten, um zuzuwarten, oder von einem guten Rat, um sich zurückzuziehen, und keine Beschämung kann sie abhalten. Denn die Gnaden, die Gott ihr zuteil werden ließ, machen sie überaus beherzt. Hieraus ergibt sich, was der Apostel sagt: «Die Liebe glaubt alles, sie hofft alles, sie duldet alles» (1 Kor 13,7). Von diesem Grad sprach auch Mose, als er Gott bat, entweder seinem Volk zu verzeihen oder seinen Namen aus dem Buch des Lebens zu tilgen (Ex 32,31). Solche Seelen verlangen alles von Gott, was zu erbitten ihnen gefällt. Deshalb konnte David sagen: «Setze deine Freude in den Herrn, und er wird dir alles geben, was dein Herz begehrt» (Ps 36,4). Und auf dieser Stufe faßte die Braut sich ein Herz und sagte: «Er soll mich küssen mit dem Kuß seines Mundes» (Hld 1,1). Doch ist wohl zu beachten, daß die Seele sich auf dieser Stufe etwas Derartiges nicht leisten dürfte, wenn der König nicht in Gnade sein Szepter auf sie herabgesenkt hätte (Est 8,4), sonst müßte sie fürchten, von den erstiegenen Sprossen herabgestürzt zu werden, auf denen sie sich nur durch Demut halten kann. Nach dieser Kühnheit und diesem Freimut, den Gott ihr auf der siebten Sprosse verlieh, um furchtlos mit der ganzen Kraft der Liebe mit ihm zu verkehren, folgt die achte. Hier wird sie vom Geliebten ergriffen, um mit ihm vereinigt zu werden auf folgende Weise.

3 Die achte Liebessprosse läßt die Seele ergreifen und umfangen, ohne loszulassen, wie die Braut es in den Worten erklärt: «Ich habe ihn gefunden, den meine Seele liebhat, ich halte ihn fest und werde ihn nicht mehr freigeben» (4, 5). Auf dieser Stufe der Einigung stillt die Seele ihr Verlangen, aber nicht andauernd; denn manche gelangen zwar für kurze Zeit zur Einigung, ziehen aber den Fuß wieder zurück. Würden sie verharren und könnten sie daselbst bleiben, so hätten sie in gewisser Weise schon in diesem Leben die Seligkeit erlangt. Dem Propheten Daniel, der «ein Mann des Verlangens» war, wurde von Gott selbst befohlen, auf dieser Stufe zu bleiben: «Verharre auf deinem Platze, denn du bist ein Mann des Verlangens» (10, 11). Von hier steigt man zur neunten Stufe auf, wo sich, wie nun zu erklären ist, die Vollkommenen befinden.

4 Auf der neunten Sprosse entflammt die Seele in sanfter Wonne. Es ist die Stufe der Vollkommenen, die bereits in Liebesgluten zu Gott versetzt sind. Dieses wonnige Aufflammen der Liebe bewirkt der Heilige Geist aufgrund der Einigung, in der sie mit Gott stehen. Darum sagt der hl. Gregor, daß die Apostel im Augenblick, da der Heilige Geist auf sie herabkam, innerlich vor süßer Liebesglut brannten. Die Gnadenschätze und göttlichen Reichtümer, an denen die Seele sich hier ergötzt, sind mit Worten nicht zu schildern. Man könnte Buch über Buch darüber schreiben, immer wäre noch mehr zu sagen. Deshalb will ich jetzt nicht weiter darüber handeln, werde aber später nochmals darauf zurückkommen. Nur soviel: auf diesen Grad folgt der zehnte und letzte dieser Liebesleiter, der aber nicht mehr diesem irdischen Leben angehört.

5 Die zehnte und letzte Sprosse der verborgenen Leiter der Liebe gleicht die Seele Gott vollkommen an aufgrund der klaren Anschauung Gottes, in deren Besitz sie unmittelbar gelangt, wenn sie hienieden die neunte Stufe erreicht hat

und den Leib verläßt. Diese Seelen, deren Zahl gering ist, bleiben vom Fegfeuer verschont, da sie durch die Liebe schon vollkommen gereinigt sind. Deshalb kann Mattäus sagen: «Selig, die ein reines Herz haben, denn sie werden Gott schauen» (5,8). Diese Schau ist, wie eben bemerkt, die Ursache der vollkommenen Angleichung der Seele an Gott, gemäß dem Wort des hl. Johannes: «Wir wissen, daß wir ihm ähnlich sein werden» (1 Joh 3,2). Nicht weil die Seele so allmächtig sein wird wie Gott, denn das ist unmöglich; wohl aber weil alles an der Seele Gott angeglichen sein wird. Man wird sie deshalb nennen – und sie wird sein – : Gott durch Teilnahme.

6 Dies ist die verborgene Leiter, von der die Seele hier spricht, wenn sie ihr auch auf den höheren Sprossen nicht mehr so verborgen erscheint, da die Liebe durch das in ihr gewirkte Erhabene manches enthüllt. Auf der obersten, letzten Stufe der klaren Schau, auf der, wie wir sagten, Gott steht, gibt es für die Seele aufgrund ihrer vollen Verähnlichung nichts Verborgenes mehr. Deshalb sagt auch unser Heiland: «An jenem Tag werdet ihr mir keine Frage mehr stellen» (Joh 16,23). Bis dahin aber bleibt der Seele, wie weit sie auch fortschreiten mag, immer noch etwas verborgen, ebensoviel als ihr an der Verähnlichung mit Gott fehlt. Dergestalt also erhebt die Seele sich durch die mystische Theologie und die geheime Liebe über alle Geschöpfe und über sich selbst empor bis zu Gott. Denn die Liebe gleicht dem Feuer: immer strebt es nach oben, um sich dem Mittelpunkt seiner Sphäre einzusenken.

21. KAPITEL

ERKLÄRUNG DES WORTES «VERMUMMT». ÜBER DIE FARBEN DER VERMUMMUNG IN DIESER NACHT

1 Nach der Erklärung, weshalb wir diese Beschauung eine geheime Leiter genannt haben, bleibt noch das dritte Wort dieses Verses, «vermummt» zu erklären: warum ist die Seele auf der geheimen Leiter «vermummt» entwichen?

2 Zum Verständnis sei gesagt, daß «sich vermummen» nichts anderes bedeutet, als sich unter einem andern Gewand als dem gewöhnlich getragenen verbergen, sei es, um in dieser Gestalt seine Gesinnung zu offenbaren und die Gunst dessen zu gewinnen, den man liebt, sei es, um sich vor Gegnern zu verbergen und so ein Vorhaben besser durchführen zu können. Man wählt dann die Gewänder und die Tracht, die die Herzensgesinnung besser kundtun oder uns vor den Widersachern besser schützen.

3 Die Seele, die, berührt von der Liebe zu Christus, ihrem Bräutigam, ihm gefallen und seine Gunst erwerben möchte, hüllt sich bei ihrem Entweichen in jenes Gewand, das ihre innere Neigung am klarsten ausdrückt und worin sie ihren Gegnern – dem Teufel, der Welt und dem Fleisch – gegenüber am besten geschützt ist. Darum hat das Kleid, das sie trägt, vor allem drei Farben: weiß, grün und rot. Diese bezeichnen die drei göttlichen Tugenden: Glaube, Hoffnung und Liebe. Mit diesen erwirbt sie sich nicht nur das Wohlgefallen des Geliebten, sondern wandelt auch völlig verborgen und gesichert vor ihren drei Feinden. Der Glaube ist ein so blendend weißes Gewand, daß das Sehvermögen jedes Verstandes davon geblendet wird. Kommt die Seele mit dem Glauben bekleidet einher, so kann der Dämon sie weder sehen noch anfallen, und sie wandelt darin sehr geborgen;

diese Tugend schützt sie besser als alle übrigen gegen den Teufel, den stärksten und listigsten Feind.

4 Petrus wußte keinen bessern Schutz gegen ihn als diesen: «Widersteht ihm», sagt er, «als Starke im Glauben» (1 Petr 5,9). Die Seele aber könnte, um die Gunst und die Einigung des Geliebten zu erlangen, kein besseres Unterkleid anziehen als das weiße Kleid des Glaubens, auf dessen Grundlage alle übrigen Tugenden aufruhen. Denn ohne den Glauben, sagt der Apostel, ist es unmöglich, Gott zu gefallen» (Hebr 11,6), mit ihm aber ist es unmöglich, ihm zu mißfallen, weshalb er selbst durch einen Propheten sagt: «Ich will dich mir anvermählen im Glauben» (Hos 2,20), was besagt: wenn du, o Seele, dich mit mir einigen und mir antrauen willst, dann erscheine innerlich angetan mit dem Gewand des Glaubens.

5 Dieses weiße Gewand des Glaubens trägt die Seele bei ihrem Entweichen in der dunklen Nacht, wenn sie, wie erwähnt, in Finsternissen und innern Bedrängnissen wandelt. Der Verstand verleiht ihr keinerlei Licht als Erleichterung, weder von oben, da der Himmel ihr verschlossen und Gott verborgen schien, noch von unten, da jene, die sie belehrten, ihr keine Befriedigung mehr verschafften. Doch litt sie standhaft, harrte aus und durchwandelte die Trübsal unermüdlich und ohne sich von ihrem Geliebten abzuwenden, der durch diese Leiden und Bedrängnisse den Glauben seiner Braut erproben wollte, damit sie dann in Wahrheit sich Davids Worte aneignen konnte: «Um der Worte deiner Lippen willen hielt ich auf dem harten Weg standhaft aus» (Ps 16,4).

6 Über das weiße Unterkleid zieht die Seele ein zweites, grünes an, wie erwähnt das Symbol der Hoffnung, durch welche sie sich gegenüber dem zweiten Feind, der Welt, wehrt und von ihm befreit. Dieses frische Grün der Hoff-

nung auf Gott gibt ihr solche Lebhaftigkeit, solchen Schwung, solche Kühnheit zu den Dingen des ewigen Lebens hin, daß ihr im Vergleich zum dort Erhofften alles Weltliche schal, tot und wertlos erscheint – was es auch wirklich ist. Hier entledigt sich die Seele aller weltlichen Gewandungen, hängt ihr Herz an nichts mehr und erhofft nichts mehr von dem, was in der Welt ist oder künftig sein wird; sie lebt einzig bekleidet mit der Hoffnung auf das ewige Leben. Da sie ihr Herz so hoch über die Welt erhoben hält, kann diese sie nicht mehr berühren und fesseln, ja sie gar nicht mehr wahrnehmen.

7 So wandelt die Seele in dieser grünen Tracht wohlgeborgen vor ihrem zweiten Feind, der Welt. Bezeichnet doch der hl. Paulus die Hoffnung als «den Helm des Heiles» (1 Thess 5,8), eine Wehr somit, die das ganze Haupt beschützt, dergestalt, daß bis auf das Visier, durch das man sehen kann, alles bedeckt ist. So verhüllt die Hoffnung alle Sinne im Haupt der Seele, daß sie sich mit nichts Irdischem mehr befassen können und keine Stelle bleibt, an der sie von einem Pfeil der Welt getroffen werden könnte. Es bleibt nur das Visier, durch das die Augen nach oben und nirgendwo andershin Ausschau halten können. Das ist die gewohnte Aufgabe der Hoffnung: die Augen der Seele einzig auf die Anschauung Gottes auszurichten, was David tat, als er die Worte sprach: «Meine Augen sind stets auf den Herrn gerichtet» (Ps 24,15). Von anderswoher erhofft er nichts, wie er in einem andern Psalm sagt: «Wie die Augen der Magd auf die Hände der Herrin, so blicken unsere Augen hin auf den Herrn (auf den wir hoffen), bis er sich unser erbarmt» (Ps 122,2).

8 In ihrer grünen Tracht, in der sie allzeit zu Gott hinblickt, ihre Augen von allem übrigen abwendet und sie nur auf ihn heftet, ist die Seele Gott so wohlgefällig, daß man in Wahrheit sagen kann: sie erlangt von ihm soviel, als sie er-

hofft. Deshalb bestätigt ihr der Bräutigam im Hohenlied, sie habe mit einem Blick ihres Auges sein Herz verwundet (4,9). Ohne diese grüne Tracht der Hoffnung auf Gott könnte die Seele keinen Anspruch auf solche Liebe erheben und nichts erreichen; nur die feste Hoffnung kann Gottes Herz rühren und überwältigen.

9 So wandelt die Seele in diese Tracht verkleidet durch die verborgene, dunkle Nacht. Und sie schreitet so sehr alles Besitzes beraubt und hilflos einher, daß ihre Blicke und ihre Gedanken auf nichts anderes gerichtet sind als auf Gott. Ja, sie drückt ihren Mund in den Staub, wie Jeremia sagt (Klgl 3,29), ob sie dadurch vielleicht Hoffnung finde.

10 Über das weiße und grüne Kleid zieht die Seele zuletzt ein rotes an, um ihre Vermummung zu vollenden: eine prächtige purpurne Toga. Damit wird die dritte Tugend bezeichnet, die nicht nur den beiden andern Anmut verleiht, sondern die Seele so erhebt, sie so nahe zu Gott stellt, sie so verschönt und Gott liebwert macht, daß sie es wagen darf, von sich zu sagen: «Schwarz bin ich, aber schön, o ihr Töchter Jerusalems, deshalb hat der König mich liebgewonnen und mich in seine Kammer geführt» (Hld 1,4). Durch diese Gewandung der göttlichen Liebe wird die Seele zunächst vor ihrem dritten Feind, dem Fleisch, geschützt; denn wo wahre Gottesliebe waltet, hat die Liebe zu sich selbst und zu den persönlichen Interessen keinen Zutritt mehr. Überdies stärkt diese Liebe auch die übrigen Tugenden, gibt ihnen Leben und Kraft zum Schutz der Seele, Anmut und Liebreiz, um dadurch dem Geliebten zu gefallen. Denn ohne Liebe ist keine Tugend Gott angenehm. Sie ist der Purpur, von dem das Hohelied spricht, worauf Gott ruht (3,10). Mit diesem roten Gewand also hat die Seele sich während der dunklen Nacht – von der in der ersten Strophe die Rede war – bekleidet und ist aus sich selber und allen Geschöpfen entwichen, um zur Liebeseinigung mit Gott, ihrem ersehnten Heil, zu gelangen.

11 Das ist die Verkleidung der Seele, wenn sie in der Nacht des Glaubens die geheime Leiter erklimmt. Das sind die drei Farben als geeignetste Zubereitung für ihre Einigung mit Gott in ihren drei Vermögen: dem Gedächtnis, dem Verstand und dem Willen. Denn der Glaube verdunkelt und entleert den Verstand von all seinen natürlichen Einsichten und bereitet ihn dadurch, sich der göttlichen Weisheit zu vereinen. Die Hoffnung entleert das Gedächtnis und trennt es vom Besitz alles Kreatürlichen, erstrebt sie doch, nach dem hl. Paulus, was man nicht besitzt (Röm 8,24). Sie räumt aus dem Gedächtnis all dessen Besitz aus und verweist es auf das, was erhofft werden soll. So bereitet die Hoffnung auf Gott das Gedächtnis insoweit auf die Einigung mit Gott vor, als sie es tiefer entleert. Ganz entsprechend reinigt die Liebe den Willen von all seinen nicht auf Gott gerichteten Neigungen und Strebungen, um ihn auf ihn allein auszurichten. Sie bereitet das dritte Seelenvermögen und einigt es mit Gott durch die Liebe. Da diese drei Tugenden die Aufgabe haben, alles aus der Seele zu entfernen, was weniger ist als Gott, bewirken sie infolgedessen auch ihre Einigung mit ihm.

12 Trägt man somit nicht in Wahrheit das Gewand dieser drei Tugenden, ist es unmöglich, zur vollendeten Gottesliebe hinzugelangen. Und so war es für die Seele, die ihr Ziel, die selige Liebeseinigung mit ihrem Geliebten, erreichen wollte, unerläßlich und geziemend, sich diese Vermummung zu erwerben. Aber ebenso war es für sie ein großes Glück, sie angezogen zu haben und darin verblieben zu sein, bis sie endlich zum ersehnten Ziel dieser Einigung hingelangt war, weshalb sie den Vers singt:

O seliges Geschick!

22. KAPITEL
ERKLÄRUNG DES DRITTEN VERSES DER ZWEITEN STROPHE

1 Offensichtlich war es ein seliges Geschick für die Seele, daß ihr ein solches Unternehmen gelang, wobei sie sich, wie erwähnt, freimachte vom Teufel, von der Welt und von der eigenen Sinnlichkeit. Hierdurch errang sie sich die kostbare, von allen so ersehnte Freiheit des Geistes, stieg von den niedrigen Gegenden zu den höhern auf, wurde aus einer irdischen eine himmlische. Sie gelangte dazu, ihren Wandel im Himmel zu haben, wie es bei denen der Fall ist, die im Stand der Vollkommenheit sind, wie ich es, wenn auch in Kürze, erklären werde.

2 Denn das Wichtigste, weshalb ich diese Aufgabe vor allem unternahm, ist bereits einigermaßen erklärt, wenn auch nicht hinreichend, um zu zeigen, welche Vorteile die Seele in diesem Zustand erlangt und welch seliges Geschick es ist, ihn zu durchwandeln. Was ich wollte, ist die Nacht der Beschauung für viele erklären, die sich darin finden, ohne Kenntnis davon zu haben. Davon habe ich im Vorwort gehandelt. Wenn sie angesichts so vieler Trübsal zurückschrecken sollten, so wären sie durch die Hoffnung auf die vielen kostbaren Güter ermutigt, die Gott ihnen in Aussicht stellt. Außer diesem Grund, daß ihr ein seliges Geschick zuteil wurde, hat die Seele noch einen andern, den sie im folgenden Vers andeutet:

In Dunkelheit und im Verborgenen.

23. KAPITEL
ERKLÄRUNG DES VIERTEN VERSES. WELCH WUNDERBARES VERSTECK DIE SEELE IN DIESER NACHT FAND, UND WIE DER TEUFEL, DER ZU ANDERN HOCH ENTRÜCKTEN VORDRINGT, ZU DIESER KEINEN ZUTRITT HAT.

1 Im Verborgnen besagt soviel wie im Versteck, unzugänglich den Blicken. Wenn die Seele sagt, sie sei in Dunkelheit und verborgen ausgegangen, gibt sie aufs beste zu verstehen, wie groß die Sicherheit ist, von der sie im ersten Vers der Strophe gesprochen und die sie sich mittels der dunklen Beschauung auf dem Weg der Liebeseinigung mit Gott erworben hat.

2 Mit den Worten «in Dunkelheit und im Verborgnen» sagt die Seele somit, daß sie dem Teufel verborgen und vor seinen Listen und Nachstellungen in Sicherheit ist. Der Grund, weshalb sie im Dunkel der Beschauung davon frei ist, liegt darin, daß die eingegossene Beschauung von ihr auf passive, geheime Art empfangen wird, ohne Mitwissen der äußern und innern Vermögen ihrer Sinnlichkeit. Damit ist sie nicht nur diesen Vermögen und den von ihnen her drohenden Hindernissen verborgen, sondern auch dem Teufel, der nur vermittels dieser Vermögen von dem in ihr Vorhandenen Kenntnis erhalten kann. Je geistiger, innerlicher und den Sinnen entrückter eine Mitteilung ist, umso weniger vermag der Teufel sie zu erfassen.

3 Deshalb ist es für die Sicherheit der Seele in ihrem Umgang mit Gott sehr wichtig, daß das Gespür ihres niedrigen Teils im Dunkeln bleibt und davon keine Kenntnis erlangt. So wird die Schwäche des Sinnlichen kein Hindernis sein für die Freiheit des Geistes. Und ferner ist die Seele in größerer Sicherheit, weil der Dämon nicht so weit nach innen gelangen kann. Wir können hier ein Schriftwort

unseres Herrn in geistlichem Sinn verstehen: «Deine Linke wisse nicht, was deine Rechte tut» (Mt 6,3). Als habe er gesagt: was in deiner Rechten, das heißt im höheren Teil der Seele vor sich geht, soll deine Linke, das heißt der niedrige, sinnliche Teil, nicht wahrnehmen, es soll ein Geheimnis bleiben zwischen dem Geist und Gott.

4 Gewiß geschieht es zuweilen, daß wenn solch innerliche, geistige und heimliche Mitteilungen der Seele zuteil werden, der Teufel ihr Wesen zwar nicht erfassen kann, aber aus der Ruhe, die sie in den Seelenkräften hinterlassen, die Vermutung zieht, die Seele sei einer hohen Gnade gewürdigt worden. Sieht er nun, daß er dieser nicht im Seelengrund entgegenzuwirken vermag, sucht er mit allen Kräften die Sinnlichkeit aufzuwühlen und zu trüben, durch Schmerzen oder Schreckbilder oder Beängstigungen, um so den höheren geistigen Teil, wo die empfangenen Mitteilungen verkostet werden, zu beunruhigen. Aber wenn die mitgeteilte Beschauung sich ganz rein in den Geist ergießt und ihn machtvoll durchdringt, vermag der Dämon trotz all seiner Anstrengung nicht zu stören, ja die Seele gewinnt daraus nur desto mehr neue Liebe und sichereren Frieden. Denn sobald sie die störende Gegenwart des Feindes gewahrt, zieht sie sich – und das ist wunderbar – unbewußt und ohne ihr Zutun ins Innerste des Seelengrundes zurück und fühlt dabei nur, daß sie sich an einem sichern Zufluchtsort befindet, ferner und verborgener vor dem Feind. Und hier erfährt sie eine Mehrung jenes Friedens und jener Freude, die er ihr rauben wollte. Alle Befürchtungen berühren sie nur äußerlich; sie nimmt sie zwar deutlich wahr, freut sich aber, in verborgener Sicherheit den Frieden und die Wonne des Bräutigams zu genießen, jenen Frieden, den die Welt und der Teufel weder geben noch nehmen können. Die Seele spürt hier, wie wahr die Braut im Hohenlied sagt: «Siehe das Bett Salomos, um dasselbe stehen sechzig Helden usf., zur Abwehr der nächtlichen Schrecken» (3,7–8). Die Seele

fühlt sich mit dieser Stärke und diesem Frieden ausgerüstet, auch wenn sie zuweilen äußere Schmerzen in Fleisch und Gebein zu spüren bekommt.

5 Andere Male, wenn die geistige Mitteilung sich nicht tief genug in den Geist einsenkt, sondern auch die Sinnlichkeit berührt, kann der Feind vermittels der letztern den Geist leichter durch solche Schrecknisse aufwühlen. Dann kann die Qual im Geist groß, ja unsäglich sein. Da sich hier Geist wider Geist unvermittelt entgegensteht, ist das, was der böse im guten, in der Seele, verursacht, unerträglich. Auch dies erklärt die Braut im Hohenlied, wenn sie zu verstehen gibt, ihr sei etwas dergleiches zugestoßen, als sie in den untern Ruhesitz hinabsteigen wollte, um zu genießen: «Ich ging in den Nußgarten hinab, um die Früchte in den Talgründen zu beschauen, da die Reben schon in Blüte standen. Ich wußte um nichts, da geriet meine Seele in Verwirrung wegen der Streitwagen Aminadabs» (Hld 6, 10), was eine Bezeichnung für den Teufel ist.

6 Wieder andere Male geschieht es, daß der Teufel gewisse Gnadenweise wahrnimmt, die Gott mittels eines guten Engels der Seele mitteilt, denn er läßt es gewöhnlich zu, daß der Teufel solche erkennt. Einmal deswegen, damit er gegen die Seele gemäß dem Maß der ihm zustehenden Gerechtigkeit vorgehen kann, er sich nicht auf sein Recht berufen und sagen könne, ihm sei keine Gelegenheit geboten worden, die Seele heimzusuchen, wie es bei Ijob geschah (1, 1–9). Dies wäre der Fall, wenn Gott nicht irgendwie Gleichheit zwischen den beiden Gegnern, die um die Seele streiten, dem guten und dem bösen Engel, zuließe. So wird der Sieg schätzenswerter; die in der Versuchung treubleibende Seele wird reicher belohnt.

7 Wir müssen hier wohl beachten, daß dies die Ursache ist, weshalb Gott dem Teufel erlaubt, auf eine Seele nach dem

gleichen Maß einzuwirken, wie er selbst mit ihr verfährt. Wenn sie etwa durch einen guten Engel echte Visionen erhält – denn dieser vermittelt sie für gewöhnlich, auch wenn Christus gesehen würde, denn Christus erscheint persönlich fast nie –, so gibt Gott doch auch dem bösen Geist Erlaubnis, ihr entsprechende falsche Visionen vorzuspiegeln, die, wie es häufig geschieht, eine unvorsichtige Seele zu täuschen vermögen. Das Buch Exodus bietet ein Beispiel dafür. Dort wird erzählt, daß alle echten Wunder, die Mose vollbrachte, dem Schein nach auch von den Magiern des Pharao ausgeführt wurden. Wenn er Frösche erscheinen ließ, brachten auch sie welche hervor; wenn er Wasser in Blut verwandelte, taten sie desgleichen.

8 Aber nicht nur solche körperliche Visionen ahmt er nach; er mischt sich auch in die geistigen Mitteilungen ein (die, wie gesagt, der gute Engel vermittelt), wenn jener sie bemerkt, wie denn Ijob sagt: «Alles Erhabene sieht er» (41,25). Mitteilungen aber, die keine Form und Gestalt haben – denn Geistiges hat dies nicht –, vermag er nicht nachzubilden wie jene, die gestalthaft und bildlich sind. Um die Seele, die von Gott so begnadet wird, trotzdem anzufechten, tritt er als furchterregender Geist vor sie hin, um Geistiges durch Geistiges zu bekämpfen und zu vernichten. Geschieht dies zu einer Zeit, da der gute Engel der Seele die geistige Beschauung mitteilt, kann sich die Seele nicht rasch genug in ihr verborgenes Versteck flüchten, ohne vom Teufel bemerkt zu werden; dies hat Bestürzung und Verwirrung zur Folge, was für die Seele oft sehr quälend ist. Zuweilen vermag sie den Feind sogleich abzuweisen, ehe er ihr seine Schrecknisse einprägen kann; gestärkt durch die wirksame geistige Gnade, die der gute Engel ihr bringt, zieht sie sich ins Innere zurück.

9 Andere Male gewinnt der Teufel die Oberhand und verwirrt und erschreckt die Seele so, daß sie mehr gequält wird

als durch jede irdische Folter. Da dies schreckensvolle Geschehen rein zwischen Geist und Geist stattfindet, in der Entblößung von allem Körperlichen, übersteigt die Qual alle Begriffe. Doch währt sie im Geist nur kurze Zeit, sonst müßte er ob des furchtbaren Ansturms des anderen Geistes den Leib verlassen. Die Erinnerung daran hallt in der Seele nach und plagt sie nicht wenig.

10 Alles hier Geschilderte geschieht in der Seele passiv, ohne daß sie etwas dafür oder dagegen tun könnte. Doch ist zu beachten, daß wenn der gute Engel den Teufel mit seinen Schrecken die Oberhand gewinnen läßt, er dies nur zuläßt, um die Seele zu läutern und sie durch ein geistiges Vigilfasten auf ein Hohes Fest und ein Gnadengeschenk vorzubereiten, das Gott ihr gewähren will. Denn nie tötet er ab, als um zu verlebendigen, nie beugt er nieder, als um zu erhöhen, was jeweils nach kurzem erfolgt. Nach dem Maß der dunklen und schrecklichen Läuterung, die sie erdulden mußte, wird die Seele mit wundersamer Beschauung beglückt, oft so hoher, daß sie dafür keine Worte findet. Die vorausgegangenen Schrecknisse des bösen Geistes dienten dazu, sie zu veredeln, damit sie diese Schauungen empfangen kann, die schon mehr dem künftigen Leben zugestaltet sind als dem hiesigen. Und wenn eine solche Schauung sich zeigt, bereitet sie auf die andere vor.

11 Wir sprachen von Heimsuchungen Gottes in der Seele durch einen guten Engel, wobei sie, wie gesagt, nicht so ganz im Dunkeln und Versteckten weilt, daß der Feind sie nicht irgendwie ausspät. Wenn aber Gott selber sie heimsucht, dann erfüllt sich der Vers vollständig, denn ganz im Dunkeln versteckt vor dem Feind empfängt sie Gottes Gnadenerweise. Der Grund ist, daß seine Majestät in der Substanz der Seele wohnt, wohin weder ein Engel noch ein Dämon Zutritt hat, um zu wissen, was dort vorgeht. Der intimste, geheimste Austausch zwischen Gott und der Seele

können jene nicht erkennen. Sofern es Gnaden sind, die vom Herrn selbst ausgehen, sind sie ganz göttlich und souverän, sind allesamt substantielle Berührungen göttlicher Einigung zwischen der Seele und Gott. In einer einzigen dieser Berührungen, die zum höchsten Grad des Gebetslebens gehören, erhält die Seele mehr als in allen übrigen.

12 Es sind die Berührungen, um deren Empfang die Braut des Hohenliedes bittet: «Er küsse mich mit dem Kuß seines Mundes» (1, 1). So innig sind solche Liebkosungen Gottes, daß die Seele sie mit großer Sehnsucht begehrt; eine einzige solche Liebkosung schätzt sie höher als alle sonstigen erhaltenen Gnaden. So fühlt sich auch die Braut im Hohenlied trotz der vielen dort besungenen Gnaden noch nicht befriedigt und fleht um solches Angerührtwerden: «O möchte ich dich doch zu meinem Bruder haben, der meiner Mutter Brüste sog, und dich draußen finden, um dich mit dem Mund meiner Seele zu küssen, damit fortan keiner mich mehr verachten noch kränken könnte!» (8, 1). Damit gibt sie zu verstehen, die Mitteilung müsse ihr allein gelten, abseits, allen Geschöpfen unbekannt; denn darauf weisen die Worte «allein» und «draußen» und «saugen», nämlich alle Neigungen des sinnlichen Seelenteils austrocknend. Solches erfolgt, wenn die Seele die Freiheit des Geistes genießt und der sinnliche Teil weder durch sich selbst noch durch den Teufel hinderlich sein kann; sie kostet die Süße des Friedens, die diesen Gütern entfließen. Der Teufel wagt keinen Ausfall mehr, ein solcher gelänge ihm nicht; ist er doch unfähig, dies göttliche Anpochen zu vernehmen, das zwischen der liebenden Substanz Gottes und der Substanz der Seele statthat.

13 Niemand kann dieser Gnade teilhaft werden als die Seele, die durch eine innerste Reinigung und Entblößung und Entsagung allem Geschöpflichen gegenüber hindurchgegangen ist. Dies geschieht im Dunkeln, wie wir ausführ-

lich dargetan haben und anläßlich dieses Verses noch weiter erklären werden. Im Verborgenen und im Versteck wird die Seele in der Liebeseinigung mit Gott gefestigt und besingt dies deshalb im vorgenannten Vers: «in Dunkelheit und im Verborgnen».

14 Wenn die Begnadungen der Seele im Versteck zuteil werden, somit im Geist allein, dann findet sie sich oft, ohne zu wissen wie, bei einigen dieser Zustände von ihrem untern sinnlichen Teil so getrennt, daß sie zwei ganz getrennte Gebiete in sich erkennt. Das eine scheint ihr mit dem andern nichts mehr gemein zu haben, so entfernt sind sie voneinander. Und so ist es auch in gewisser Weise; das geistige Geschehen, das sich vollzieht, hat kein Verhältnis zum sinnlichen Teil. Dergestalt wird die Seele allmählich vollkommen geistig, und im Verborgenen der einigenden Beschauung werden die geistigen Regungen und Strebungen fast vollständig stillgelegt. Und so sagt sie, von ihrem höheren Teil sprechend, sogleich den letzten Vers:

da nun mein Haus in Ruhe lag.

24. KAPITEL
SCHLUSS DER ERKLÄRUNG DER ZWEITEN STROPHE

1 Mit diesen Worten deutet die Seele an: da mein höherer Teil mitsamt dem niederen, seinen Neigungen und Fähigkeiten, gestillt war, entwich ich zur göttlichen Liebeseinigung mit Gott.

2 Da die Seele auf zweierlei Weise durch die Kämpfe der dunklen Nacht gereinigt wird, nämlich in ihrem sinnlichen und geistigen Teil, ihren Vermögen und Leidenschaften, so wird sie auch auf zweierlei Art befriedet und zur Ruhe gebracht. Aus diesem Grund wiederholt sie diesen Vers zwei-

mal: er steht in dieser wie in der vorhergehenden Strophe, um die beiden Regionen der Seele anzudeuten. Beide müssen, um zur göttlichen Liebeseinigung ausgehen zu können, zuerst erneuert, geordnet und gestillt werden, im Sinnlichen wie im Geistigen, entsprechend dem Stand der Unschuld, den Adam besaß. So bezog sich dieser Vers in der ersten Strophe auf den niedrigen, sinnlichen Teil, in der zweiten vor allem auf den höheren geistigen; deswegen wurde er zweimal gesetzt.

3 Diese Beruhigung und innere Stille im geistlichen Haus erreicht die Seele zuständlich und vollkommen (soweit das gegenwärtige Leben dies zuläßt) aufgrund der erwähnten substantiellen Berührungen in der göttlichen Einigung, die die Seele im geheimen Versteck vor den Wirrungen des Teufels und der Gefühle und Leidenschaften von Gott empfangen hat, um so gereinigt, beruhigt und befestigt der genannten Einigung wirklich teilhaft werden zu können: der göttlichen Vermählung zwischen der Seele und dem Sohn Gottes. Sobald demnach die beiden Behausungen der Seele mit all ihrem Gesinde – den Kräften und Trieben – zur Ruhe gebracht und gestärkt sind, sobald sie allem Obern und Untern gegenüber in nächtliches Schweigen versetzt sind, vereinigt sich ihr die göttliche Weisheit unmittelbar und ergreift von ihr durch ein neues Band der Einwohnung Besitz. So erfüllt sich, was sie selber im Buch der Weisheit sagt: «Während alle Dinge in tiefem Schweigen ruhten und die Nacht sich in der Mitte ihres Laufes befand, stieg dein allmächtiges Wort vom Himmel her vom Königsthron herab» (Wh 18,14). Ein Gleiches verrät uns die Braut im Hohenlied: «Als ich an jenen vorübergegangen war, die mich nachts meiner Kleider beraubten und verwundeten, fand ich jenen, den mein Herz liebhat» (3,4).

4 Unmöglich kann man zur Einigung ohne große Reinheit gelangen, und diese gewinnt sich nur durch tiefe Ent-

blößung von allem Geschaffenen und durch lebendige Abtötung. Darauf verweist, daß die Braut beim Suchen nach ihrem Bräutigam ihres Mantels beraubt und nächtens verwundet worden ist. Sie konnte das neue Gewand der Vermählung, wonach sie sich sehnte, nicht anziehen, ohne zuvor des alten entblößt zu werden. Wer daher den Geliebten sucht, sich aber weigert, in die Nacht einzugehen, wer von seinem Eigenwillen nicht entblößt und nicht abgetötet werden will, wie die Braut es getan hat, wer ihn nur im Bett der Bequemlichkeit sucht, wird ihn niemals finden. So bekennt die Seele hier, sie habe erst gefunden, als sie mit sehnsüchtiger Liebe ins Dunkel auszog.

25. KAPITEL
ERKLÄRUNG DER DRITTEN STROPHE

In der seligen Nacht,
insgeheim, so daß mich keiner sah,
und ich selber nichts gewahrte,
ohne anderes Licht und Geleit,
außer dem, das in meinem Herzen brannte.

1 Indem die Seele den Vergleich zwischen der zeitlichen Nacht und der geistigen fortsetzt, preist und erhebt sie deren Vorzüge, da sie durch diese in so kurzer Zeit und so sicher ihr ersehntes Ziel fand. Drei dieser Vorzüge hebt sie hervor.

2 Der erste, sagt sie, besteht darin, daß Gott in dieser seligen Nacht der Beschauung die Seele mit einer so einsamen und geheimen Schau lenkt, einer dem Sinnlichen so entrückten und fremden, daß nichts aus dem Sinnenbereich, nichts Kreatürliches an sie rührt, um sie zu stören und vom Weg der Liebeseinigung abzulenken.

3 Der zweite Vorzug liegt in den geistigen Finsternissen dieser Nacht, wodurch alle höheren Seelenvermögen ins Dunkel versetzt werden. Die Seele sieht nichts, sie kann gar nichts sehen, hält sich auch bei nichts außer Gott auf, um zu ihm zu gelangen. Aller hemmenden Formen und Gestalten und natürlichen Wahrnehmungen ledig, die ihre bleibende Einigung mit Gott zu verhindern pflegen, schreitet sie dahin.

4 Der dritte Vorzug ist darin zu sehen, daß die Seele sich nicht mehr auf eine einzelne innere Verstandeserleuchtung oder auf ein einzelnes äußeres Geleit stützt, um von ihnen auf diesen hohen Pfaden Bestätigung zu finden, denn von alldem haben sie die dunkeln Finsternisse beraubt. Einzig die Liebe, die jetzt brennt und das Herz dem Geliebten zudrängt, bewegt und geleitet die Seele auf dem einsamen Weg und läßt sie ihrem Gott entgegenfliegen, ohne zu wissen wie.
Es folgt der Vers:

In der seligen Nacht…

GEDICHTE

I
LA NOCHE OSCURA

Canciones del alma que se goza de haber llegado al alto estado de la perfección, que es la unión con Dios, por el camino de la negación espiritual.

1 En una noche oscura,
con ansias, en amores inflamada,
¡oh dichosa ventura!,
salí sin ser notada,
estando ya mi casa sosegada.

2 A escuras, y segura
por la secreta escala, disfrazada,
¡oh dichosa ventura!,
a escuras y en celada,
estando ya mi casa sosegada.

3 En la noche dichosa
en secreto, que nadie me veía,
ni yo miraba cosa,
sin otra luz y guía
sino la que en el corazón ardía.

4 Aquésta me guiaba
más cierto que la luz del mediodía,
adonde me esperaba
quien yo bien me sabía,
en parte donde nadie parecía.

5 ¡Oh noche, que guiaste!
¡Oh noche amable más que el alborada!
¡Oh noche que juntaste
Amado con amada,
amada en el Amado transformada!

I

DIE DUNKLE NACHT

Gesänge der Seele, die sich freut, auf dem Weg der Entäußerung den hohen Stand der Vollkommenheit, die Einigung mit Gott erreicht zu haben.

1 In einer dunklen Nacht,
entflammt von Liebessehnen,
o seliges Geschick!
entfloh ich unbemerkt,
da nun mein Haus in Ruhe lag.

2 In Dunkelheit und ungefährdet,
auf geheimer Leiter, vermummt,
o seliges Geschick!
in Dunkelheit und im verborgnen,
da nun mein Haus in Ruhe lag.

3 In der seligen Nacht,
insgeheim, so daß mich keiner sah,
und ich selber nichts gewahrte,
ohne anderes Licht und Geleit
außer dem, das in meinem Herzen brannte.

4 Dieses führte mich
sicherer als das Mittagslicht
dorthin, wo meiner harrte
der mir wohl Vertraute,
an den Ort, wo niemand sonst sich zeigte.

5 O Nacht, die mich lenkte!
O Nacht, holder als das Frührot!
O Nacht, die den Geliebten
mit der Geliebten vereinte,
die Geliebte in den Geliebten wandelte.

6 En mi pecho florido,
que entero para él solo se guardaba,
allí quedó dormido,
y yo le regalaba,
y el ventalle de cedros aire daba.

7 El aire de la almena,
cuando yo sus cabellos esparcía,
con su mano serena
en mi cuello hería,
y todos mis sentidos suspendía.

8 Quedéme y olvidéme,
el rostro recliné sobre el Amado,
cesó todo, y dejéme,
dejando mi cuidado
entre las azucenas olvidado.

6 An meiner blühenden Brust,
die für ihn sich ganz bewahrte,
dort schlief er ein,
und war zärtlich zu ihm,
und die Zedern fächelten im Wind.

7 Der Windhauch von der Zinne
– als er nun sein Haar ausbreitete –
mit seiner leichten Hand
berührte er meinen Hals
und machte alle meine Sinne schwinden.

8 So blieb ich und vergaß mich selbst,
neigte das Antlitz über den Geliebten.
Alles erlosch, ich gab mich auf,
ließ meine Sorge fahren,
vergessen unter Lilien.

II
EL CÁNTICO ESPIRITUAL

Canciones entre el alma y el Esposo

ESPOSA

1 ¿Adónde te escondiste,
Amado, y me dejaste con gemido?
Como el ciervo huiste,
habiéndome herido;
salí tras ti clamando, y eras ido.

2 Pastores los que fuerdes
allá por las majadas al otero,
si por ventura vierdes
Aquel que yo más quiero,
decilde que adolezco, peno y muero,

3 Buscando mis amores,
iré por esos montes y riberas;
ni cogeré las flores,
ni temeré las fieras,
y pasaré los fuertes y fronteras.

PREGUNTA A LAS CRIATURAS

4 ¡Oh bosques y espesuras,
plantadas por la mano del Amado!
¡Oh prado de verduras
de flores esmaltado!
Decid si por vosotros ha pasado.

II
GEISTLICHER GESANG[1]

Wechselgesang zwischen der Seele und ihrem Bräutigam

BRAUT

1 Wo hast du dich versteckt,
Geliebter, und hast mich seufzend zurückgelassen?
Wie der Hirsch bist du entflohen,
nachdem du mich verwundet hast;
ich lief dir nach, rufend, doch du warst gegangen.

2 Ihr Hirten, die ihr dort
bei den Hürden auf der Höhe weilet,
wenn ihr jenen zufällig erblickt,
den ich über alles liebe,
sagt ihm, ich sei krank, leide und sterbe.

3 Nach meiner Liebe suchend
werde ich diese Berge und Gestade durchqueren,
weder Blumen pflücken
noch mich vor wilden Tieren fürchten
und die Festen und Grenzen überschreiten.

FRAGE AN DIE GESCHÖPFE

4 O Wälder und Gebüsche
gepflanzt von des Geliebten Hand!
O Wiese, mit Grün
und Blumen geschmückt!
Sagt mir, ob er an euch vorbeigegangen.

5 Mil gracias derramando
pasó por estos sotos con presura,
y, yéndolos mirando,
con sola su figura
vestidos los dejó de hermosura.

ESPOSA

6 ¡Ay!, ¿quién podrá sanarme?
Acaba de entregarte ya de vero.
No quieras enviarme
de hoy más ya mensajero,
que no saben decirme lo que quiero.

7 Y todos cuantos vagan
de ti me van mil gracias refiriendo,
y todos más me llagan,
y déjame muriendo
un no sé qué que quedan balbuciendo.

8 Mas ¿cómo perseveras,
¡oh vida!, no viviendo donde vives,
y haciendo por que mueras
las flechas que recibes
de lo que del Amado en ti concibes?

9 ¿Por qué, pues has llagado
aqueste corazón, no le sanaste?
Y, pues me le has robado,
¿por qué así le dejaste,
y no tomas el robo que robaste?

ANTWORT DER GESCHÖPFE

5 Tausendfache Gnade verströmend
durchstreifte er eilig diese Haine,
und sie betrachtend
ließ er sie durch sein Bild allein
mit Schönheit bekleidet zurück.

BRAUT

6 Ach! Wer wird mich heilen?
Gib dich endlich wahrhaft mir zu eigen.
Laß ab von heute an, mir weitere Boten zu senden,
die nicht zu melden wissen, was ich begehre.

7 Und alle, die kommen und gehen,
berichten mir tausendfache Gnade von dir,
und sie alle verwunden mich noch tiefer,
und ein ich weiß nicht was, von dem sie unablässig
stammeln,
läßt mich sterbend zurück.

8 Ja, wie sollst du weiter leben,
o Leben! nicht lebend, wo du wirklich lebst,
und von den Pfeilen zu Tode getroffen
in dem, was du vom Geliebten in dich aufnimmst?

9 Warum, da du dieses Herz versehrt hast,
heiltest du es nicht?
Und da du es mir geraubt hast,
warum ließest du es so liegen
und nimmst den Raub nicht an dich, den du raubtest?

10 Apaga mis enojos,
pues que ninguno basta a deshacellos.
y véante mis ojos,
pues eres lumbre dellos
y sólo para ti quiero tenellos.

11 Descubre tu presencia,
y máteme tu vista y hermosura;
mira que la dolencia
de amor que no se cura
sino con la presencia y la figura.

12 ¡Oh cristalina fuente,
si en esos tus semblantes plateados
formases de repente
los ojos deseados
que tengo en mis entrañas dibujados!

13 Apártalos, Amado,
que voy de vuelo.

ESPOSO

Vuélvete, paloma,
que el ciervo vulnerado
por el otero asoma
al aire de tu vuelo, y fresco toma.

ESPOSA

14 Mi Amado, las montañas,
los valles solitarios nemorosos,
las ínsulas extrañas,
los ríos sonorosos,
el silbo de los aires amorosos;

10 Lösche meine Kümmernisse,
da ja niemand fähig ist, sie auszutilgen.
Und meine Augen mögen dich sehen,
denn du bist ihr Licht,
und nur für dich begehre ich sie zu haben.

11 Enthülle deine Gegenwart,
es töte mich dein Anblick und deine Schönheit;
bedenke, daß Liebesleid
nicht zu heilen ist,
es sei denn mit leibhaftiger Gegenwart.

12 O kristallene Quelle!
wenn du auf deinem Silberangesicht
plötzlich bildetest
die ersehnten Augen,
die ich in meinem Innern eingezeichnet trage!

13 Wende sie weg, Geliebter,
denn ich entschwebe.

BRÄUTIGAM

Kehr zurück, Taube,
denn der verwundete Hirsch erscheint auf der Höhe
beim Windhauch deines Flugs und erfrischt sich.

BRAUT

14 Mein Geliebter, die Berge,
die einsamen, waldigen Täler,
die fremden Inseln,
die wohlklingenden Flüsse,
das Pfeifen der verliebten Lüfte!

15 la noche sosegada
en par de los levantes del aurora,
la música callada,
la soledad sonora,
la cena, que recrea y enamora.

16 Nuestro lecho florido,
de cuevas de leones enlazado,
en púrpura tendido,
de paz edificado,
de mil escudos de oro coronado.

17 A zaga de tu huella
las jóvenes discurren al camino
al toque de centella,
al adobado vino,
emisiones de bálsamo divino.

18 En la interior bodega
de mi Amado bebí, y cuando salía
por toda aquesta vega,
ya cosa no sabía,
y el ganado perdí, que antes seguía.

19 Allí me dió su pecho,
allí me enseñó ciencia muy sabrosa,
y yo le di de hecho
a mí, sin dejar cosa;
allí le prometí de ser su esposa.

20 Mi alma se ha empleado,
y todo mi caudal en su servicio.
Ya no guardo ganado,
ni ya tengo otro oficio,
que ya sólo en amar es mi ejercicio.

15 Die friedvolle Nacht,
nahe schon dem Morgenrot,
die lautlose Musik,
die klingende Einsamkeit,
das Abendmahl, das erquickt und verliebt macht.

16 Unser mit Blumen geschmücktes Bett,
von Löwenhöhlen umgeben,
mit Purpur bespannt,
aus Frieden erbaut,
mit tausend goldenen Schildern bekrönt!

17 Dir auf dem Fuße
eilen die Jungfrauen auf dem Weg,
beim Funkenschlag,
beim kredenzten Wein:
Strömen göttlichen Balsams.

18 Im innern Weinkeller
meines Geliebten trank ich, und als ich hinausging
durch diese ganze fruchtbare Au,
da wußte ich schon nichts mehr
und verlor die Herde, der ich vorher gefolgt war.

19 Dort gab er mir sein Herz,
dort lehrte er mich eine wonnige Wissenschaft,
und ich meinerseits
schenkte mich ihm ganz, ohne jeden Vorbehalt,
dort versprach ich ihm, seine Gattin zu sein.

20 Meine Seele hat sich
mit all meinem Vermögen in seinen Dienst gestellt;
nun hüte ich keine Herde mehr,
noch habe ich ein anderes Amt,
da meine Aufgabe jetzt im Lieben allein besteht.

21 Pues ya si en el ejido
de hoy más no fuere vista ni hallada,
diréis que me he perdido,
que, andando enamorada,
me hice perdidiza, y fuí ganada.

22 De flores y esmeraldas
en las frescas mañanas escogidas,
haremos las guirnaldas,
en tu amor florecidas
y en un cabello mío entretejidas.

23 En solo aquel cabello
que en mi cuello volar consideraste,
mirástele en mi cuello
y en él preso quedaste,
y en uno de mis ojos te llagaste.

24 Cuando tú me mirabas
su gracia en mí tus ojos imprimían;
por eso me adamabas,
y en eso merecían
los míos adorar lo que en ti vían.

25 No quieras despreciarme,
que, si color moreno en mí hallaste,
ya bien puedes mirarme
después que me miraste,
que gracia y hermosura en mí dejaste.

26 Cazadnos las raposas,
que está ya florecida nuestra viña,
en tanto que de rosas
hacemos una piña,
y no parezca nadie en la montiña.

21 Wenn fortan im Gemeindeland
ich nicht mehr zu sehen und zu finden bin,
sagt, ich sei verloren gegangen,
ich hätte mich, in Liebe immer mehr entbrannt,
verlieren wollen und sei gewonnen worden.

22 Aus Blumen und Smaragden
gepflückt am frischen Morgen,
werden wir Kränze winden,
die in deiner Liebe erblüht
und mit einem Haar von mir umbunden sind.

23 Mit jenem einen Haar,
das du an meinem Halse fliegen sahst.
Du betrachtetest es an meinem Hals
und bliebst darin gefangen,
und an einem meiner Blicke hast du dich versehrt.

24 Als du mich anschautest,
prägten deine Augen ihre Anmut mir ein;
deshalb liebtest du mich,
und damit wurden die meinen gewürdigt,
anzubeten, was sie in dir sahen.

25 Wollest mich nicht verschmähen,
denn solltest du braune Farbe an mir entdecken,
kannst du mich ja anblicken,
nachdem du mich angeschaut,
welche Anmut und Schönheit ließest du in mir zurück.

26 Jagt uns die Füchse,
denn unser Weinberg steht bereits in Blüte,
während wir aus Rosen
einen Strauß uns binden
und niemand wage, auf dem Berge zu erscheinen.

27 Detente, cierzo muerto;
ven, austro, que recuerdas los amores,
aspira por mi huerto,
y corran sus olores,
y pacerá el Amado entre las flores.

ESPOSO

28 Entrádose ha la Esposa
en el ameno huerto deseado,
y a su sabor reposa,
el cuello reclinado
sobre los dulces brazos del Amado.

29 Debajo del manzano,
allí conmigo fuiste desposada,
allí te di la mano,
y fuiste reparada
donde tu madre fuera violada.

30 A las aves ligeras,
leones, ciervos, gamos saltadores,
montes, valles, riberas,
aguas, aires, ardores
y miedos de las noches veladores:

31 Por las amenas liras
y canto de serenas os conjuro
que cesen vuestras iras
y no toquéis al muro,
porque la Esposa duerma más seguro.

27 Halt ein, du toter Nordwind,
Komm Südwind, der du an die Liebe gemahnst,
wehe durch meinen Garten,
und seine Düfte mögen hinziehn,
und der Geliebte wird unter Blumen weiden.

GATTE

28 Eingetreten ist die Gattin
in den schönen, ersehnten Garten,
und nach ihrem Verlangen ruht sie,
ihren Hals zurückgelehnt
in den süßen Armen des Geliebten.

29 Unter dem Apfelbaum
wurdest du mir angetraut,
dort gab ich dir meine Hand,
und wurdest du neu geschaffen,
wo deine Mutter geschändet worden war.

30 Euch, flinke Vögel,
Löwen, Hirsche und springende Gemsen,
Hügel, Täler, Flüsse,
Gewässer, Lüfte, Sommerhitze
und Schrecken durchwachter Nächte:

31 beschwöre ich bei den lieblichen Leierklängen
und bei den Abendliedern
laßt ab von eurem Zorn
und berührt nicht die Mauer,
damit die Gattin geborgener schlafe.

ESPOSA

32 ¡Oh ninfas de Judea!
En tanto que en las flores y rosales
el ámbar perfumea,
morá en los arrabales,
y no queráis tocar nuestros umbrales.

33 Escóndete, Carillo,
y mira con tu haz a las montañas,
y no quieras decillo;
mas mira las compañas
de la que va por ínsulas extrañas.

ESPOSO

34 La blanca palomica
al arca con el ramo se ha tornado,
y ya la tortolica
al socio deseado
en las riberas verdes ha hallado.

35 En soledad vivía
y en soledad ha puesto ya su nido,
y en soledad la guía
a solas su querido,
también en soledad de amor herido.

ESPOSA

36 Gocémonos, Amado,
y vámonos a ver en tu hermosura,
al monte y al collado,
do mana el agua pura;
entremos más adentro en la espesura.

GATTIN

32 O Nymphen aus Judäa!
Solange in den Blumen und Rosenbüschen
Ambra duftet,
bleibt draußen vor der Stadt
und wagt nicht unsere Schwellen zu berühren.

33 Versteck dich, Liebster,
und wende dein Antlitz zu den Bergen,
und verlange nicht es auszudrücken;
blick eher auf die Gefährtinnen
jener, die zu den fremden Inseln aufbricht.

GATTE

34 Das weiße Täubchen
ist mit dem Zweig zur Arche zurückgekehrt,
und auch die Turteltaube
hat den ersehnten Gefährten
an den grünen Ufern gefunden.

35 In Einsamkeit lebte sie,
in der Einsamkeit hat sie schon genistet,
und in die Einsamkeit führte sie,
zu zweit allein, ihr Liebster,
auch er, in Einsamkeit, von der Liebe versehrt.

GATTIN

36 Ergötzen wir uns, Geliebter,
und eilen wir, uns zu schauen in deiner Schönheit,
zu Berg und Hügel,
wo das lautere Wasser entspringt;
dringen wir tiefer ein in das Dickicht.

37 Y luego a las subidas
cavernas de la piedra nos iremos,
que están bien escondidas,
y allí nos entraremos,
y el mosto de granadas gustaremos.

38 Allí me mostrarías
aquello que mi alma pretendía,
y luego me darías
allí, tu, vida mía,
aquello que me diste el otro día:

39 El aspirar del aire,
el canto de la dulce filomena,
el soto y su donaire,
en la noche serena
con llama que consume y no da pena.

40 Que nadie lo miraba...
Aminadab tampoco parecía.
Y el cerco sosegaba...
Y la caballería
a vista de las aguas descendía.

37 Und dann zu den hochgelegenen Felsenhöhlen
laß uns gehen,
die tief verborgen sind,
und dort werden wir eintreten
und den Granatwein kosten.

38 Dort würdest du mir zeigen,
was meine Seele begehrte,
und dann mir geben,
dort, du, mein Leben,
was anderntags du mir schon gegeben hast:

39 Das Wehen der Luft,
das Lied der süßen Nachtigall,
den Hain und seine Lieblichkeit
in der heiteren Nacht,
mit der Flamme, die verzehrt und kein Leid verursacht.

40 So daß niemand es gewahrte...
Selbst nicht der Dämon ließ sich sehen,
und die Belagerung ruhte...
und die Reiterschar
stieg beim Anblick der Wasser hinunter.

[1] Wir geben hier die ursprüngliche Fassung des *Geistlichen Gesang* (nach der spanischen Ausgabe *Vida y obras de San Juan de la Cruz*, Biblioteca de Autores cristianos, Madrid 2. Aufl. 1950, S. 1329ff). Die zweite spätere und von ihm selber überarbeitete Fassung hat der hl. Johannes vom Kreuz seinem Kommentar des *Cantico Espiritual* zugrunde gelegt (vgl. 3. Band unserer Ausgabe: *Das Lied der Liebe*). Die beiden Fassungen unterscheiden sich hauptsächlich durch die Umstellung der mittleren Strophen (16–33).

III
LA LLAMA DE AMOR VIVA

Canciones del alma en la íntima comunicación de unión de amor de Dios

1 ¡Oh llama de amor viva,
que tiernamente hieres
de mi alma en el más profundo centro!
Pues ya no eres esquiva,
acaba ya si quieres;
rompe la tela deste dulce encuentro!

2 ¡Oh cauterio suave!
¡Oh regalada llaga!
¡Oh mano blanda! ¡Oh toque delicado,
que a vida eterna sabe
y toda deuda paga!
Matando, muerte en vida la has trocado.

3 ¡Oh lámparas de fuego,
en cuyos resplandores
las profundas cavernas del sentido,
que estaba oscuro y ciego,
con extraños primores
calor y luz dan junto a su querido!

4 ¡Cuán manso y amoroso
recuerdas en mi seno,
donde secretamente solo moras!
Y en tu aspirar sabroso,
de bien y gloria lleno,
¡cuán delicadamente me enamoras!

III
LEBENDIGE LIEBESFLAMME

Gesänge der Seele in der Einigung mit der göttlichen Liebe

1 O lebendige Liebesflamme,
die du zart verwundest
meine Seele in der tiefsten Mitte!
Da du nicht mehr spröde bist,
vollende, wenn du willst,
zerreiß die Hülle dieser zärtlichen Begegnung!

2 O sanftes Brandmal!
O wohltuende Wunde!
O milde Hand! O zarte Berührung,
die nach ewigem Leben schmeckt
und jede Schuld tilgt!
Tötend hast du Tod in Leben umgewandelt.

3 O Leuchter aus Feuer,
deren Widerschein
den tiefen Höhlen der Sinne,
die finster und blind waren,
in seltener Pracht
Wärme und Licht verleihen, dem Liebsten zur Seite.

4 Wie sanft und liebevoll
erwachst du in meinem Herzen,
wo du insgeheim als Einziger wohnst!
Und mit deinem köstlichen Atem,
voll des Guten und der Herrlichkeit,
wie zärtlich führst du mich zur Liebe!

IV

Coplas hechas sobre un éxtasis de alta contemplación

Entréme donde no supe
y quedéme no sabiendo,
toda sciencia trascendiendo.

1 Yo no supe dónde entraba,
pero, cuando allí me vi,
sin saber dónde me estaba,
grandes cosas entendí;
no diré lo que sentí,
que me quedé no sabiendo,
toda sciencia trascendiendo.

2 De paz y de piedad
era la sciencia perfecta,
en profunda soledad,
entendida vía recta;
era cosa tan secreta,
que me quedé balbuciendo,
toda sciencia trascendiendo.

3 Estaba tan embebido,
tan absorto y ajenado,
que se quedo mi sentido
de todo sentir privado,
y el espíritu dotado
de un entender no entendiendo,
toda sciencia trascendiendo.

IV

Strophen zu einer Entrückung hoher Beschauung

Ich trat ein, wußte nicht wo,
und blieb unwissend,
alles Wissen übersteigend.

1 Ich wußte nicht, wo ich eintrat,
aber als ich mich dort sah,
unwissend, wo ich mich befand,
begriff ich große Dinge;
ich werde nicht sagen, was ich empfand,
da ich unwissend blieb,
alles Wissen übersteigend.

2 Vom Frieden und von der Frömmigkeit
war es vollkommenes Wissen,
in tiefer Einsamkeit,
in Einsicht des rechten Weges,
war es eine so geheimnisvolle Sache,
daß ich stammelnd verharrte,
alles Wissen übersteigend.

3 Ich war so hingerissen,
so versunken und entfremdet,
daß meine Sinne
jede sinnliche Wahrnehmung verloren,
und der Geist sich beschenkt fand
mit einem nichtverstehenden Verstehen,
alles Wissen übersteigend.

4 El que allí llega de vero,
de sí mismo desfallesce;
cuanto sabía primero
mucho bajo le paresce;
y su sciencia tanto cresce,
que se queda no sabiendo,
toda sciencia trascendiendo.

5 Cuanto más alto se sube,
tanto menos se entendía
que es la tenebrosa nube
que a la noche esclarecía;
por eso quien la sabía
queda siempre no sabiendo,
toda sciencia trascendiendo.

6 Este saber no sabiendo
es de tan alto poder,
que los sabios arguyendo
jamás le pueden vencer;
que no llega su saber
a no entender entendiendo,
toda sciencia trascendiendo.

7 Y es de tan alta excelencia
aqueste sumo saber,
que no hay facultad ni sciencia
que le puedan emprender;
quien se supiere vencer
con un no saber sabiendo,
irá siempre trascendiendo.

4 Wer wahrhaft dorthin gelangt,
wird an sich selber irre,
alles, was er früher wußte,
scheint ihm recht gering,
und sein Wissen mehrt sich derart,
daß er unwissend bleibt,
alles Wissen übersteigend.

5 Je höher man steigt,
umso weniger verstand man,
daß es die dunkle Wolke ist,
die die Nacht erhellte;
deshalb bleibt, wer sie erfuhr,
unwissend,
alles Wissen übersteigend.

6 Dieses nichtwissende Wissen
ist von so hoher Mächtigkeit,
daß die Weisen mit ihrem Folgern
es nie meistern können,
denn ihr Wissen reicht nicht hin,
nichtverstehend zu verstehen,
alles Wissen übersteigend.

7 Und von so großer Erhabenheit
ist dieses höchste Wissen,
daß es weder Fähigkeit noch Wissen gibt,
die es umfassen könnten;
wer sich selber zu besiegen wüßte
durch ein nichtwissendes Wissen,
der wird sich immer übersteigen.

8 Y si lo queréis oír,
consiste esta suma sciencia
en un subido sentir
de la divinal Esencia;
es obra de su clemencia
hacer quedar no entendiendo,
toda sciencia trascendiendo.

8 Und wenn ihr es hören wollt:
Diese höchste Wissenschaft besteht
in einem erhabenen Empfinden
für die göttliche Wesenheit;
es ist Werk ihrer Barmherzigkeit,
daß man nichtverstehend ausharrt,
alles Wissen übersteigend.

V

Coplas del alma que pena por ver a Dios

Vivo sin vivir en mí
y de tal manera espero,
que muero porque no muero.

1 En mí yo no vivo ya,
y sin Dios vivir no puedo;
pues sin él y sin mí quedo,
este vivir, ¿qué será?
Mil muertes se me hará,
pues mi misma vida espero,
muriendo porque no muero.

2 Esta vida que yo vivo
es privación de vivir;
y así, es contino morir
hasta que viva contigo.
Oye, mi Dios, lo que digo,
que esta vida no la quiero;
que muero porque no muero.

3 Estando absente de ti,
¿qué vida puedo tener,
sino muerte padescer,
la mayor que nunca vi?
Lástima tengo de mí,
pues de suerte persevero,
que muero porque no muero.

V

Lieder der Seele, die nach der Gottesschau strebt.

Ich lebe, ohne in mir zu leben,
und auf solche Weise hoffe ich,
daß ich sterbe, weil ich nicht sterbe.

1 Ich lebe schon nicht mehr in mir,
und ohne Gott kann ich nicht leben;
bleibe ich aber ohne ihn und mich,
was wäre dieses Leben?
Tausend Tode wird es mir bereiten,
da ich auf mein eigenes Leben warte,
sterbend, weil ich nicht sterbe.

2 Dieses Leben, das ich lebe,
ist Entzug des Lebens,
und so ist es ständig Sterben,
bis ich mit dir zusammen lebe.
Höre, mein Gott, was ich sage:
nach diesem Leben begehre ich nicht;
da ich sterbe, weil ich nicht sterbe.

3 Da ich ferne bin von dir,
was für ein Leben kann ich haben,
außer den Tod zu erleiden,
den tiefsten, den ich jemals sah?
Mitleid empfinde ich mit mir,
weil ich solcherart darin verharre,
sterbend, weil ich nicht sterbe.

4 El pez que del agua sale
aun de alivio no caresce,
que en la muerte que padesce,
al fin la muerte le vale.
¿Qué muerte habrá que se iguale
a mi vivir lastimero,
pues si más vivo más muero?

5 Cuando me pienso aliviar
de verte en el Sacramento,
háceme más sentimiento
el no te poder gozar;
todo es para más penar,
por no verte como quiero
y muero porque no muero.

6 Y si me gozo, Señor,
con esperanza de verte,
en ver que puedo perderte
se me dobla mi dolor;
viviendo en tanto pavor
y esperando como espero,
muérome porque no muero.

7 Sácame de aquesta muerte,
mi Dios, y dame la vida;
no me tengas impedida
en este lazo tan fuerte;
mira que peno por verte,
y mi mal es tan entero,
que muero porque no muero.

4 Der Fisch, der aus dem Wasser kommt,
dem mangelt nicht die Linderung,
daß im Tod, den er erleidet,
er am Ende wirklich stirbt.
Welchen Tod wird es je geben,
der meinem jämmerlichen Leben zu vergleichen ist,
denn je mehr ich lebe, desto mehr sterbe ich.

5 Wenn ich mir Linderung davon erhoffe,
dich im Sakrament zu sehen,
schafft in mir noch größeres Leiden,
daß ich deiner mich nicht erfreuen kann;
alles trägt bei zu weiterer Pein,
weil ich dich nicht schaue, wie ich möchte,
und sterbe, weil ich nicht sterbe.

6 Und wenn ich frohlocke, Herr,
in der Hoffnung, dich zu sehen,
bei der Einsicht, daß ich dich verlieren könnte,
wird mein Schmerz doppelt groß;
lebend in solchem Schrecken
und hoffend, wie ich hoffe,
sterbe ich, weil ich nicht sterbe.

7 Befreie mich von diesem Tod,
mein Gott, und schenke mir das Leben,
halte mich nicht gefangen
in dieser so festen Schlinge;
schau, wie ich mich mühe, dich zu sehen,
und mein Leid ist so umfassend,
daß ich sterbe, weil ich nicht sterbe.

8 Lloraré mi muerte ya,
y lamentaré mi vida
en tanto que detenida
por mis pecados está.
¡Oh mi Dios!, ¿cuándo será
cuando yo diga de vero:
vivo ya porque no muero?

8 Fortan werde ich meinen Tod beweinen
und über mein Leben klagen,
solange es gefangen bleibt
meiner Sünden wegen.
O mein Gott, wann wird es sein,
daß ich wahrhaft sagen kann:
Nun lebe ich, weil ich nicht sterbe.

VI

Otras coplas a lo divino

Tras de un amoroso lance,
y no de esperanza falto,
volé tan alto, tan alto,
que le di a la caza alcance.

1 Para que yo alcance diese
a aqueste lance divino,
tanto volar me convino,
que de vista me perdiese;
y, con todo, en este trance
en el vuelo quedé falto;
mas el amor fué tan alto,
que le di a la caza alcance.

2 Cuando más alto subía,
deslumbróseme la vista,
y la más fuerte conquista
en oscuro se hacía;
mas por ser de amor el lance
di un ciego y oscuro salto,
y fuí tan alto, tan alto,
que le di a la caza alcance.

3 Cuanto más alto llegaba
de este lance tan subido,
tanto más bajo y rendido
y abatido me hallaba;
dije: No habrá quien alcance;
y abatíme tanto, tanto,
que fuí tan alto, tan alto,
que le di a la caza alcance.

VI

Andere ins Geistliche übertragene Lieder

Nach einer Liebesbegegnung emporgerissen
und nicht der Hoffnung bar,
flog ich so hoch, so hoch,
daß ich das Ziel erjagte.

1 Damit ich das Ziel erjage
in dieser göttlichen Begegnung,
hatte ich so weit zu fliegen,
daß ich meinem Blick entschwand;
und dennoch, im letzten Augenblick
reichte die Flugkraft nicht aus;
doch die Liebe erhob mich so,
daß ich das Ziel erjagte.

2 Als ich höher stieg,
wurde meine Sicht geblendet,
und die gewaltigste Eroberung
spielte sich im dunkeln ab;
aber weil es Begegnung in der Liebe war,
wagte ich den blinden, dunklen Sprung,
und geriet so hoch, so hoch,
daß ich das Ziel erjagte.

3 Je höher ich gelangte
in dieser so erhabenen Begegnung,
desto geringer und erledigt
und niedergeschlagener fand ich mich;
sagte: niemand wird das je erlangen,
und sank so tief, so tief,
daß ich so hoch, so hoch geriet,
daß ich das Ziel erjagte.

4 Por una extraña manera
mil vuelos pasé de un vuelo,
porque esperanza de cielo
tanto alcanza cuanto espera;
esperé sólo este lance,
y en esperar no fuí falto,
pues fuí tan alto, tan alto,
que le di a la caza alcance.

4 Auf sonderbare Weise
durchflog ich tausend Flüge in einem Flug,
weil Hoffnung vom Himmel her
soviel erlangt, wie sie erhofft;
ich erhoffte diese eine Begegnung,
und im Hoffen habe ich nicht versagt,
da geriet ich so hoch, so hoch,
daß ich das Ziel erjagte.

VII

Canciones a lo divino de Cristo y el alma

1 Un pastorcico solo está penado,
ajeno de placer y de contento,
y en su pastora puesto el pensamiento,
y el pecho del amor muy lastimado.

2 No llora por haberle amor llagado,
que no le pena verse así afligido,
aunque en el corazón está herido;
mas llora por pensar que está olvidado.

3 Que sólo de pensar que está olvidado
de su bella pastora, con gran pena
se deja maltratar en tierra ajena,
el pecho del amor muy lastimado.

4 Y dice el pastorcico: ¡Ay, desdichado
de aquel que de mi amor ha hecho ausencia,
y no quiere gozar la mi presencia,
y el pecho por su amor muy lastimado!

5 Y a cabo de un gran rato se ha encumbrado
sobre un árbol, do abrió sus brazos bellos,
y muerto se ha quedado, asido de ellos,
el pecho del amor muy lastimado.

VII

Geistliche Hirtenlieder über Christus und die Seele

1 Ein kleiner Hirt einsam steht, bekümmert,
abseits von Freude und Vergnügen,
und auf seine Hirtin hat er seinen Sinn gerichtet,
und sein Herz ist von Liebe tief versehrt.

2 Er weint nicht, weil die Liebe ihn verwundet hat,
es schmerzt ihn nicht, sich so gequält zu sehen,
obgleich er im Herzen getroffen ist,
er weint vielmehr, weil er denkt, er sei vergessen.

3 Denn allein beim Gedanken, er sei vergessen
von seiner schönen Hirtin, mit großem Schmerz
läßt er sich im fremden Land mißhandeln,
das Herz von Liebe tief versehrt.

4 Und es spricht der kleine Hirt: Ach, unglückselig,
wer sich von meiner Liebe abgewendet hat
und sich meiner Gegenwart nicht erfreuen will,
und um seiner Liebe willen ist sein Herz tief versehrt.

5 Und am Ende einer langen Zeit, stieg er hinauf
an einem Baum, wo er seine schönen Arme breitete,
und gestorben ist, an ihnen hangend,
das Herz von Liebe tief versehrt.

VIII

Cantar del alma que se huelga de conocer a Dios por fe

¡Qué bien sé yo la fonte que mana y corre,
aunque es de noche!

1 Aquella eterna fonte está ascondida,
¡qué bien sé yo do tiene su manida,
aunque es de noche!

2 Su origen no lo sé, pues no le tiene,
mas sé que todo origen de ella viene,
aunque es de noche.

3 Sé que no puede ser cosa tan bella,
y que cielos y tierra beben de ella,
aunque es de noche.

4 Bien sé que suelo en ella no se halla,
y que ninguno puede vadealla,
aunque es de noche.

5 Su claridad nunca es escurecida,
y sé que toda luz de ella es venida,
aunque es de noche.

6 Sé ser tan caudalosas sus corrientes,
que infiernos, cielos riegan, y las gentes,
aunque es de noche.

7 El corriente que nace de esta fuente
bien sé que es tan capaz y omnipotente,
aunque es de noche.

VIII

Lied der Seele, die sich der Gotteserkenntnis im Glauben erfreut

Wie gut weiß ich den Quell, der entspringt und strömt,
auch wenn es Nacht ist.

1 Jener ewige Quell ist verborgen,
wie gut weiß ich, wo er entspringt,
auch wenn es Nacht ist.

2 Seinen Ursprung weiß ich nicht, denn er hat keinen,
doch weiß ich wohl, daß aller Ursprung aus ihm stammt,
auch wenn es Nacht ist.

3 Ich weiß, daß nichts Schöneres sein kann,
und daß Himmel und Erde von ihm trinken,
auch wenn es Nacht ist.

4 Wohl weiß ich, daß kein Grund sich in ihm findet,
und daß niemand ihn durchwaten kann,
auch wenn es Nacht ist.

5 Seine Klarheit wird niemals verdüstert,
und ich weiß, daß ihm alles Licht entsprungen ist,
auch wenn es Nacht ist.

6 Weiß seine Ströme so wasserreich,
daß sie Hölle, Himmel wässern und die Völker,
auch wenn es Nacht ist.

7 Der Strom, der diesem Quell entspringt,
den weiß ich wohl von großer Kraft und Allmacht,
auch wenn es Nacht ist.

8 El corriente que de estas dos procede
sé que ninguna de ellas le precede,
aunque es de noche.

9 Aquesta eterna fonte está escondida
en este vivo pan por darnos vida,
aunque es de noche.

10 Aquí se está llamando a las criaturas,
y de esta agua se hartan, aunque a escuras,
porque es de noche.

11 Aquesta viva fuente, que deseo,
en este pan de vida yo la veo,
aunque de noche.

8 Der Strom, der aus diesen zwei hervorgeht,
dem ist, ich weiß, keiner der anderen beiden voraus,
auch wenn es Nacht ist.

9 Dieser ewige Quell ist verborgen
in diesem lebendigen Brot, um uns Leben zu geben,
auch wenn es Nacht ist.

10 Er ruft herbei die Geschöpfe,
und sie sättigen sich an diesem Wasser auch im dunkeln,
da es ja Nacht ist.

11 Diesen lebendigen Quell, den ich ersehne,
in diesem Brot des Lebens erblicke ich ihn schon,
wenn es auch Nacht ist.

IX

ROMANCE I

Sobre el evangelio «In principio erat Verbum», acerca de la Santísima Trinidad

En el principio moraba
el Verbo, y en Dios vivía,
en quien su felicidad
infinita poseía.

El mismo Verbo Dios era,
que el principio se decía.
El moraba en el principio,
y principio no tenía.

El era el mesmo principio;
por eso de él carecía.
El Verbo se llama Hijo,
que del principio nacía.

Hale siempre concebido,
y siempre le concebía.
Dale siempre su sustancia,
y siempre se la tenía.

Y así, la gloria del Hijo
es la que en el Padre había;
y toda su gloria el Padre
en el Hijo poseía.

Como amado en el amante
uno en otro residía,
y aquese amor que los une,
en lo mismo convenía

IX

1. ROMANZE

Über das Evangelium «In principio erat Verbum».
Die heiligste Dreifaltigkeit

Im Anfang wohnte
das Wort und lebte in Gott,
in dem es seine unendliche Glückseligkeit
besaß.

Dieses Wort selbst war Gott,
Den man den Ursprung nannte.
Es wohnte im Anfang
und hatte keinen Anfang.

Es war der Anfang selbst,
daher hatte es keinen.
Das Wort nennt sich Sohn,
der aus dem Anfang hervorging.

Er hat ihn von jeher gezeugt
und zeugte ihn immerfort.
Er schenkt ihm stets seine Substanz
und behielt sie immer bei sich.

Und so ist die Herrlichkeit des Sohnes
jene, die im Vater war;
und seine ganze Herrlichkeit besaß
der Vater im Sohn.

Wie ein Geliebter im Liebenden
wohnte einer im andern,
und diese Liebe, die sie eint,
traf in demselben zusammen,

con el uno y con el otro
en igualdad y valía.
Tres Personas y un amado
entre todos tres había;

y un amor en todas ellas
y un amante las hacía,
y el amante es el amado
en que cada cual vivía;

que el ser que los tres poseen,
cada cual le poseía,
y cada cual de ellos ama
a la que este ser tenía.

Este ser es cada una,
y éste sólo las unía
en un inefable nudo
que decir no se sabía.

Por lo cual era infinito
el amor que las unía,
porque un solo amor tres tienen,
que su esencia se decía;
que el amor, cuanto más uno,
tanto más amor hacía.

mit dem einen und mit dem andern
in Gleichheit und Geltung.
Drei Personen und einen Geliebten
gab es zwischen allen dreien;

und eine Liebe in allen dreien
und ein Liebender wirkte sie;
und der Liebende ist der Geliebte,
in dem ein jeder lebte;

denn das Sein, das die drei besitzen,
das besaß ein jeder,
und ein jeder von ihnen liebt
den, der dieses Sein besaß.

Dieses Sein ist ein jeder,
und es allein vereinigt sie
in einem unsagbaren Knoten,
den man nicht zu nennen wußte.

Und dadurch war unendlich
die Liebe, die sie vereinte,
weil drei eine einzige Liebe besitzen,
die man ihr Wesen nannte,
denn je einiger die Liebe,
desto größere Liebe erwirkte sie.

X

ROMANCE 2

De la comunicación de las tres Personas

En aquel amor inmenso
que de los dos procedía,
palabras de gran regalo
el Padre al Hijo decía

de tan profundo deleite,
que nadie las entendía;
sólo el Hijo lo gozaba,
que es a quien pertenecía.

Pero aquello que se entiende,
de esta manera decía:
Nada me contenta, Hijo,
fuera de tu compañía.

Y si algo me contenta,
en ti mismo lo quería.
El que a ti más se parece,
a mí más satisfacía;

y el que nada te semeja,
en mí nada hallaría.
En ti sólo me he agradado,
¡oh vida de vida mía!

Eres lumbre de mi lumbre.
Eres mi sabiduría;
figura de mi sustancia,
en quien bien me complacía.

X

2. ROMANZE

Der Austausch der drei Personen

In dieser grenzenlosen Liebe,
die von den beiden ausging,
sprach der Vater zum Sohn
Worte von großer Macht,

von so tiefer Wonne,
daß niemand sie verstand,
nur der Sohn ergötzte sich daran,
da er es ist, den es anging.

Doch was man davon versteht,
sagte er auf diese Weise:
Nichts erfreut mich, mein Sohn,
außer deine Gesellschaft.

Und wenn mich etwas erfreut,
ich liebte es in dir selbst.
Wer dir am meisten gleichsieht,
der entspricht mir am meisten;

und wer dir nicht gleicht,
würde in mir nichts finden.
In dir allein habe ich mir gefallen,
o Leben von meinem Leben!

Du bist Licht von meinem Lichte,
bist meine Weisheit,
Abbild meiner Substanz,
in dem ich mir wohlgefiel.

Al que a ti te amare, Hijo,
a mí mismo le daría,
y el amor que yo en ti tengo,
ese mismo en él pondría,
en razón de haber amado
a quien yo tanto quería.

Dem, der dich liebte, mein Sohn,
würde ich mich selber geben,
und die Liebe, die ich für dich habe,
diese selbe würde ich in ihn setzen,
weil er den geliebt hat,
den ich so sehr liebte.

XI

ROMANCE 3

De la creación

Una esposa que te ame,
mi Hijo, darte quería,
que por tu valor merezca
tener nuestra compañía.

Y comer pan a una mesa
del mismo que yo comía,
por que conozca los bienes
que en tal Hijo yo tenía.
Y se congracie conmigo
de tu gracia y lozanía.

Mucho lo agradezco, Padre,
el Hijo le respondía;
a la esposa que me dieres,
yo mi claridad daría,

para que por ella vea
cuánto mi Padre valía,
y cómo el ser que poseo
de su ser le recibía.

Reclinarla he yo en mi brazo,
y en tu amor se abrasaría,
y con eterno deleite
tu bondad sublimaría.

XI

3. ROMANZE

Über die Schöpfung

Eine Gattin, die dich liebte,
mein Sohn, wollte ich dir geben,
die deinetwegen es verdiente,
unsere Gesellschaft zu teilen.

Und Brot zu essen am einen Tisch,
vom gleichen, das ich zu essen pflegte,
damit sie den Schatz erkenne,
den ich in einem solchen Sohn besitze,
und sich mit mir glücklich preise
über deine Anmut und Frische.

Ich danke dir sehr, Vater,
antwortete der Sohn;
und der Gattin, die du mir schenktest
schenkte ich mein Licht,

auf daß sie darin erblickte,
wie groß die Macht sei meines Vaters,
und wie das Sein, das ich habe,
ich von seinem Sein empfing.

Ich nähme sie in meinen Arm,
und an deiner Liebe würde sie sich entflammen
und mit ewigen Ergötzen
deine Güte hoch erheben.

XII

ROMANCE 4

Prosigue

Hágase, pues, dijo el Padre,
que tu amor lo merecía;
y en este dicho que dijo,
el mundo criado había;

palacio para la esposa,
hecho en gran sabiduría;
el cual en dos aposentos,
alto y bajo, dividía.

El bajo de diferencias
infinitas componía;
mas el alto hermoseaba
de admirable pedrería.

Por que conozca la esposa
el Esposo que tenía,
en el alto colocaba
la angélica jerarquía;

pero la natura humana
en el bajo la ponía,
por ser en su compostura
algo de menor valía.

Y aunque el ser y los lugares
de esta suerte los partía,
pero todos son un cuerpo
de la esposa que decía:

XII

4. ROMANZE

Fortsetzung

Es geschehe also, sprach der Vater,
weil deine Liebe es verdiente;
und mit diesem Wort, das er aussprach,
wurde die Welt erschaffen;

ein Palast für die Gattin,
erbaut in großer Weisheit;
den er in zwei Gemächer teilte,
ein oberes und ein unteres.

Das untere fügte er
aus unendlichen Verschiedenheiten;
mehr noch schmückte er das obere
mit wundervollen Edelsteinen.

Damit die Gattin erkenne,
was für einen Gatten sie habe,
ließ er in dem obern wohnen
die Engelhierarchie;

der Menschennatur aber
wies er das untere an,
weil sie in ihrer Beschaffenheit
von etwas geringerem Wert war.

Und obgleich er Sein und Räume
in dieser Weise verteilte,
bilden doch alle den einen Leib
der Gattin, welche sagte:

que el amor de un mismo Esposo
una Esposa los hacía;
los de arriba poseían
el Esposo en alegría;

los de abajo, en esperanza
de fe que les infundía,
diciéndoles que algún tiempo
él los engrandecería.

Y que aquella su bajeza
él se la levantaría,
de manera que ninguno
ya la vituperaría;

porque en todo semejante
él a ellos se haría,
y se vendría con ellos,
y con ellos moraría.

Y que Dios sería hombre,
y que el hombre Dios sería,
y trataría con ellos,
comería y bebería.

Y que con ellos continuo
él mismo se quedaría,
hasta que se consumase
este siglo que corría,

cuando se gozaran juntos
en eterna melodía;
porque él era la cabeza
de la esposa que tenía,

daß die Liebe des einen selben Gatten
sie zu der einen Gattin machte;
die im oberen Teile sollten
den Gatten in der Freude besitzen;

die im untern in der Glaubenshoffnung,
die er ihnen einflößte
und sie wissen ließ,
daß er sie in etwas Zeit erhöhen würde.

Und er würde jene ihre Niedrigkeit
selber auf sich nehmen,
so daß niemand mehr
sie fortan tadeln müßte;

denn in allem ihresgleichen
würde er sich ihnen angestalten
und würde sie begleiten
und mit ihnen wohnen.

Und Gott würde Mensch,
und der Mensch würde Gott,
und er würde mit ihnen wandeln,
essen und trinken.

Und er bliebe mit ihnen unaufhörlich
der gleiche,
bis sich vollendete
die laufende Weltzeit,

da sie sich gemeinsam freuten
in ewigem Wohlklang,
weil er das Haupt war
der Gattin, die er besaß,

a la cual todos los miembros
de los justos juntaría,
que son cuerpo de la esposa,
a la cual él tomaría

en sus brazos tiernamente,
y allí su amor la daría;
y que así juntos en uno
al Padre la llevaría,

donde del mismo deleite
que Dios goza, gozaría.
Que como el Padre y el Hijo,
y el que de ellos procedía,

el uno vive en el otro,
así la esposa sería
que, dentro de Dios absorta,
vida de Dios viviría.

dieser einte er alle Glieder
der Gerechten,
die den Leib der Gattin bilden,
die er an sich nähme

zärtlich in seine Arme,
und ihr dort schenkte seine Liebe,
und so in eins vereint
sie zum Vater brächte,

wo sie sich der gleichen Wonne,
die Gott ergötzt, ergötzten.
Denn wie der Vater und der Sohn
und der, der aus beiden hervorging,

der eine in dem andern lebt,
so würde auch die Gattin sein,
die, in Gott versunken,
das Leben Gottes lebte.

XIII

ROMANCE 5

Prosigue

Con esta buena esperanza
que de arriba les venía,
el tedio de sus trabajos
más leve se les hacía;

pero la esperanza larga
y el deseo que crecía
de gozarse con su Esposo
continuo les afligía.

Por lo cual con oraciones,
con suspiros y agonía,
con lágrimas y gemidos
le rogaban noche y día

que ya se determinase
a les dar su compañía.
Unos decían: ¡Oh si fuese
en mi tiempo el alegría!

Otros: Acaba, Señor;
al que has de enviar, envía,
Otros: ¡Oh si ya rompieses
esos cielos, y vería

con mis ojos que bajases,
y mi llanto cesaría!
Regad, nubes de lo alto,
que la tierra lo pedía,

XIII

5. ROMANZE

Fortsetzung

Mit dieser guten Hoffnung,
die ihnen von oben kam,
wurde der Überdruß ihrer Mühsal
ihnen leichter gemacht;

aber die Hoffnung auf lange Sicht
und das wachsende Verlangen,
sich mit ihrem Gatten zu ergötzen,
quälte sie unablässig.

Deshalb mit Gebeten,
mit Seufzern und Todesängsten,
mit Tränen und Stöhnen
flehten sie ihn Tag und Nacht an,

daß er sich doch entschließe,
sich zu ihnen zu gesellen.
Die einen riefen: Oh, geschähe doch
die Freude in meiner Zeit!

Andere: Vollend es, Herr,
send uns den, den du zu senden hast.
Wieder andere: Oh, wenn du schon zerrissest
diese Himmel und ich sähe

mit meinen Augen, daß du herabstiegst
und mein Weinen aufhörte!
Regnet Wolken von oben,
was die Erde erflehte,

y ábrase ya la tierra,
que espinas nos producía,
y produzca aquella flor
con que ella florecía.

Otros decían: ¡Oh dichoso
el que en tal tiempo sería,
que merezca ver a Dios
con los ojos que tenía,

y tratarle con sus manos,
y andar en su compañía,
y gozar de los misterios
que entonces ordenaría!

und es öffne sich die Erde,
die uns Dornen brachte,
und bringe uns jene Blume,
mit der sie blühte.

Andere sagten: O glücklich
wer zu solcher Zeit lebte,
die Gott zu sehen verdiente
mit eigenen Augen,

und ihn zu berühren mit eigenen Händen,
und ihn in seiner Gesellschaft zu haben,
und sich der Geheimnisse zu erfreuen,
die er alsdann anordnen würde!

XIV

ROMANCE 6

Prosigue

En aquestos y otros ruegos
gran tiempo pasado había;
pero en los postreros años
el fervor mucho crecía.

Cuando el viejo Simeón
en deseo se encendía,
rogando a Dios que quisiese
dejalle ver este día.

Y así, el Espíritu Santo
al buen viejo respondía
que le daba su palabra
que la muerte no vería

hasta que la vida viese,
que de arriba descendía,
y que él en sus mismas manos
al mismo Dios tomaría,

y le tendría en sus brazos,
y consigo abrazaría.

XIV

6. ROMANZE

Fortsetzung

Mit solchen und andern Bitten
war lange Zeit vorbeigegangen;
doch in den letzten Jahren
wuchs die Inbrunst sehr.

Als der alte Simeon
in Sehnsucht entbrannte,
flehte er zu Gott, er möchte ihn
diesen Tag erleben lassen.

Und so antwortete der Heilige Geist
dem guten Greis,
er gebe ihm sein Wort,
daß er den Tod nicht schauen würde,

ehe er das Leben erblickt hätte,
das von oben herabstieg,
und er in seinen eigenen Händen
Gott selber halten würde,

und ihn in seine Arme nehmen
und sich mit ihm umarmen würde.

XV

ROMANCE 7

Prosigue la Encarnación

Ya que el tiempo era llegado
en que hacerse convenía
el rescate de la esposa
que en duro yugo servía,

debajo de aquella ley
que Moisés dado le había,
el Padre con amor tierno
de esta manera decía:

Ya ves, Hijo, que a tu esposa
a tu imagen hecho había,
y en lo que a ti se parece
contigo bien convenía;

pero difiere en la carne,
que en tu simple ser no había;
en los amores perfectos
esta ley se requería,

que se haga semejante
el amante a quien quería,
que la mayor semejanza
más deleite contenía.

El cual, sin duda, en tu esposa
grandemente crecería
si te viere semejante
en la carne que tenía.

XV

7. ROMANZE

Fortsetzung. Die Menschwerdung

Als nun die Zeit gekommen war,
in der es sich geziemte,
den Loskauf der Gattin zu verwirklichen,
die unter einem harten Joche diente,

unter jenem Gesetz,
das ihr Mose gegeben hatte,
da sprach der Vater mit zärtlicher Liebe
folgendermaßen:

Du siehst, mein Sohn, daß ich deine Gattin
nach deinem Bild geschaffen habe,
und in dem, worin sie dir ähnlich sieht,
stimmte sie gut mit dir überein;

doch sie unterscheidet sich im Fleisch,
das es in deinem einfachen Sein nicht gab;
in der vollkommenen Liebe
war dies Gesetz vonnöten,

daß ähnlich werde
der Liebende dem, den er liebte,
weil größere Ähnlichkeit
größere Wonne in sich hat.

Diese würde zweifellos in deiner Gattin
reichlich wachsen,
wenn sie dir ähnlich sähe
in dem Fleisch, das sie besaß.

Mi voluntad es la tuya,
el Hijo le respondía,
y la gloria que yo tengo
es tu voluntad ser mía.

Y a mí me conviene, Padre,
lo que tu Alteza decía,
porque por esta manera
tu bondad más se vería.

Veráse tu gran potencia,
justicia y sabiduría;
irélo a decir al mundo
y noticia le daría
de tu belleza y dulzura
y de tu soberanía.

Iré a buscar a mi esposa,
y sobre mí tomaría
sus fatigas y trabajos,
en que tanto padescía.

Y porque ella vida tenga,
yo por ella moriría,
y sacándola del lago,
a ti te la volvería.

Mein Wille ist der deine,
antwortete der Sohn,
und die Herrlichkeit, die ich besitze,
ist, daß dein Wille der meine sei.

Und für mich geziemt sich, Vater,
das, was deine Hoheit sprach,
denn auf diese Weise
würde deine Güte offenbarer.

Deine große Macht wird man schauen,
Gerechtigkeit und Weisheit;
ich werde es der Welt künden
und ihr Kenntnis geben
von deiner Schönheit und Milde
und von deiner Majestät.

Ich werde meine Gattin suchen
und auf mich laden würd' ich
ihre Mühen und Entbehrungen
die sie so lang erduldete.

Und damit sie Leben habe,
würd' ich für sie sterben,
und, sie aus der Grube ziehend,
dir wieder zuführen.

XVI

ROMANCE 8

Prosigue

Entonces llamó a un arcángel,
que San Gabriel se decía,
y envióla a una doncella
que se llamaba María,

de cuyo consentimiento
el misterio se hacía;
en la cual la Trinidad
de carne al Verbo vestía.

Y aunque tres hacen la obra,
en el uno se hacía;
y quedó el Verbo encarnado
en el vientre de María.

Y el que tenía sólo Padre,
ya también Madre tenía,
aunque no como cualquiera
que de varón concebía;

que de las entrañas de ella
él su carne recibía;
por lo cual Hijo de Dios
y del hombre se decía.

XVI

8. ROMANZE

Fortsetzung

Darauf rief er einen Erzengel,
der sich Sankt Gabriel nannte,
und sandte ihn zu einem Mägdlein,
das Maria hieß,

mit seinem Jawort
ist das Geheimnis geschehen,
in dem die Dreifaltigkeit
das Wort mit Fleisch umkleidete.

Und wenn auch drei das Werk vollzogen,
es ereignete sich in dem einen,
und das Wort ist Fleisch geworden
in Mariens Schoß.

Und der bis dahin nur einen Vater hatte,
hatte nun auch eine Mutter,
wenn auch nicht irgendeine,
die von einem Mann empfing;

denn aus ihrem Schoß
empfing er sein Fleisch;
deshalb nannte er sich Gottes Sohn
und Sohn des Menschen.

XVII

ROMANCE 9

Del nacimiento

Ya que era llegado el tiempo
en que de nacer había,
así como desposado
de su tálamo salía,

abrazado con su esposa,
que en sus brazos la traía,
al cual la graciosa Madre
en un pesebre ponía,

entre unos animales
que a la sazón allí había.
Los hombres decían cantares,
los ángeles melodía,

festejando el desposorio
que entre tales dos había.
Pero Dios en el pesebre
allí lloraba y gemía,

que eran joyas que la esposa
al desposorio traía;
y la Madre estaba en pasmo
de que tal trueque veía:

El llanto del hombre en Dios,
y en el hombre la alegría,
lo cual del uno y del otro
tan ajeno ser solía.

XVII

9. ROMANZE

Von der Geburt Christi

Als nun die Zeit gekommen war,
da er geboren werden sollte,
trat er wie ein Bräutigam hervor
aus seinem Brautgemach,

umschlungen mit seiner Braut,
die er in seinen Armen trug,
den die anmutige Mutter
in eine Krippe legte,

zwischen ein paar Tiere,
die es zu jener Zeit dort gab.
Die Menschen sangen Lieder,
die Engel musizierten,

die Vermählung feiernd,
die sich zwischen zwei so Ungewöhnlichen vollzog.
Gott aber in der Krippe,
er weinte dort und wimmerte,

das war Geschmeide, das die Braut
zur Vermählung mitbrachte;
und die Mutter staunte,
als sie solchen Tausch erblickte:

das Weinen des Menschen in Gott
und im Menschen die Freude,
was in dem einen wie dem andern
so fremd zu sein pflegte.

XVIII

Romance sobre el salmo «Super flumina Babylonis»

Encima de las corrientes
que en Babilonia hallaba,
allí me senté llorando,
allí la tierra regaba,

acordándome de ti,
¡oh Sión!, a quien amaba.
Era dulce tu memoria,
y con ella más lloraba.

Dejé los trajes de fiesta,
los de trabajo tomaba,
y colgué en los verdes sauces
la música que llevaba,

poniéndola en esperanza
de aquello que en ti esperaba.
Allí me hirió el amor,
y el corazón me sacaba.

Díjele que me matase,
pues de tal suerte llagaba.
Yo me metía en su fuego,
sabiendo que me abrasaba,

desculpando el avecica
que en el fuego se acababa.
Estábame en mí muriendo,
y en ti sólo respiraba.

XVIII

Romanze über den Psalm «Super flumina Babylonis»

Über den Strömen,
die ich in Babylon entdeckte,
dort setzte ich mich weinend,
dort netzte ich die Erde,

deiner mich erinnernd,
o Zion, die ich liebte.
Die Erinnerung an dich war süß,
und ließ mich noch heftiger weinen.

Die Festgewänder legte ich ab,
zog Arbeitskleider an,
ich hängte an die grünen Weiden
das Saitenspiel, das ich bei mir trug,

es weglegend in der Hoffnung
auf das, was ich von dir erhoffte.
Dort verwundete mich die Liebe
und entriß mir das Herz.

Ich bat sie, mich zu töten,
da sie derart versehrte.
Ich stürzte mich in ihr Feuer,
wissend, daß sie mich versengte,

den Vogel rechtfertigend,
der im Feuer sein Leben ließ.
In mir lag ich im Sterben
und atmete in dir allein.

En mí por ti me moría,
y por ti resucitaba,
que la memoria de ti
daba vida y la quitaba.

Gozábanse los extraños
entre quien cautivo estaba.

Preguntábanme cantares
de lo que en Sión cantaba;
canta de Sión un himno,
veamos cómo sonaba.

Decid: ¿Cómo en tierra ajena,
donde por Sión lloraba,
cantaré yo la alegría
que en Sión se me quedaba?
Echaríala en olvido
si en la ajena me gozaba.

Con mi paladar se junte
la lengua con que hablaba,
si de ti yo me olvidare,
en la tierra do moraba.

Sión, por los verdes ramos
que Babilonia me daba,
de mí se olvide mi diestra,
que es lo que en ti más amaba,

si de ti no me acordare,
en lo que más me gozaba,
y si yo tuviere fiesta
y sin ti la festejaba.

In mir starb ich deinetwegen,
und deinetwegen auferstand ich,
denn die Erinnerung an dich,
schenkte Leben und nahm es wieder.

Es freuten sich die Fremden,
unter denen ich gefangen war.

Sie verlangten von mir Lieder,
die ich in Zion sang:
Sing ein Lobgesang auf Zion,
wir wollen sehen, wie es klang.

Sagt? Wie sollte ich in fremdem Lande,
wo ich Zions wegen weinte,
von der Freude singen,
die mir in Zion blieb?
Ich stieße es ins Vergessen,
wenn ich in der Fremde mich ergötzte.

An meinem Gaumen klebe
meine Zunge, mit der ich redete,
wenn ich deiner vergäße,
im Lande, wo ich wohnte.

Zion, bei den grünen Zweigen,
die Babylon mir reichte,
meine Rechte möge mich vergessen,
die das ist, was ich in dir am meisten liebte,

wenn ich deiner nicht gedächte,
was mir am meisten Lust bereitete,
und wenn ein Fest ich geben wollte,
und es feierte ohne dich.

¡Oh hija de Babilonia,
mísera y desventurada!
Bienaventurado era
aquel en quien confiaba,
que te ha de dar el castigo
que de tu mano llevaba.

Y juntará sus pequeños,
y a mí, porque en ti lloraba,
a la piedra que era Cristo,
por el cual yo te dejaba.

Debetur soli gloria vera Deo.

O Tochter Babylons,
elende und unglückselige!
Glückselig war
jener, dem ich vertraute,
der dir die Züchtigung wird geben müssen,
die er aus deiner Hand empfing.

Und er wird seine Kleinen sammeln,
und auch mich, da ich um dich weinte
an dem Stein, der Christus war,
um dessentwillen ich dich verließ.

Debetur soli gloria vera Deo.

XIX

Glosa a lo divino

Sin arrimo y con arrimo,
sin luz y a oscuras viviendo,
todo me voy consumiendo.

1 Mi alma está desasida
de toda cosa criada,
y sobre sí levantada,
y en una sabrosa vida,
sólo en su Dios arrimada.
Por eso ya se dirá
la cosa que más estimo,
que mi alma se ve ya
sin arrimo y con arrimo.

2 Y aunque tinieblas padezco
en esta vida mortal,
no es tan crecido mi mal;
porque, si de luz carezco,
tengo vida celestial;
porque el amor da tal vida,
cuando más ciego va siendo,
que tiene al alma rendida,
sin luz y a oscuras viviendo.

3 Hace tal obra el amor
después que le conocí,
que, si hay bien o mal en mí,
todo lo hace de un sabor
y al alma transforma en sí;
y así, en su llama sabrosa,
la cual en mí estoy sintiendo,
apriesa, sin quedar cosa,
todo me voy consumiendo.

XIX

Ins Geistliche übertragene Glosa (I)

Beistandslos und mit Beistand,
ohne Licht und im finstern lebend,
bin ich dran, mich gänzlich zu verzehren.

1 Meine Seele ist losgelöst
von jedem geschaffenen Ding,
und über sich selbst erhoben,
und in einem köstlichen Leben,
allein auf ihren Gott gestützt.
Deshalb wird man schon sagen,
was ich am meisten schätze,
daß meine Seele sich nun sieht
beistandlos und mit Beistand.

2 Und obwohl ich Finsternis erleide
in diesem sterblichen Leben,
ist mein Leid nicht so groß geworden,
weil ich, zwar des Lichtes mangelnd,
himmlisches Leben habe;
denn die Liebe schenkt solches Leben,
daß sie, je blinder werdend,
die Seele hingegeben hält,
ohne Licht und im finstern lebend.

3 Solches ist das Werk der Liebe,
seitdem ich sie erkannte,
da sie, ob Gutes oder Schlechtes in mir ist,
allem den gleichen Geschmack verleiht,
und die Seele in sich wandelt;
und so in ihrer köstlichen Flamme,
die ich in mir fühle,
eilends, ohne etwas zu hinterlassen,
beginne ich, mich schnell und restlos zu verzehren.

XX

Glosa a lo divino

Por toda la hermosura
nunca yo me perderé,
si no por un no sé qué
que se alcanza por ventura.

1 Sabor de bien que es finito,
lo más que puede llegar,
es cansar el apetito
y estragar el paladar;
y así, por toda dulzura
nunca yo me perderé,
sino por un no sé qué
que se halla por ventura.

2 El corazón generoso
nunca cura de parar
donde se puede pasar,
sino en más dificultoso;
nada le causa hartura,
y sube tanto su fe,
que gusta de un no sé qué
que se halla por ventura.

3 El que de amor adolesce,
del divino ser tocado,
tiene el gusto tan trocado,
que a los gustos desfallece;
como el que con calentura
fastidia el manjar que ve,
y apetece un no sé qué
que se halla por ventura.

XX

Ins Geistliche übertragene Glosa (II)

Um aller Schönheit willen,
werde ich mich nie verlieren,
außer für ein ich weiß nicht was,
das mit Glück erreicht wird.

1 Geschmack am Guten, das vergänglich ist,
vermag allerhöchstens
den Appetit zu verleiden
und den Gaumen zu schädigen;
und darum, um aller Süße willen,
werde ich mich nie verlieren,
es sei um eines, ich weiß nicht was,
das mit Glück gefunden wird.

2 Dem großmütigen Herz
sagt es nichts, stillzustehen,
wo man weitergehen kann,
außer dem Schwierigsten
verschafft ihm nichts Genügen,
und sein Glaube wächst so sehr,
daß es ein ich weiß nicht was verkostet,
das mit Glück gefunden wird.

3 Wer um der Liebe willen leidet,
vom göttlichen Sein berührt,
dem wird der Geschmack so verwandelt,
daß er in allen Geschmäckern versagt;
wie der, dem das Fieber
das Essen verleidet, das er vor sich sieht,
und der nach einem ich weiß nicht was gelüstet,
das mit Glück gefunden wird.

4 No os maravilleis de aquesto,
que el gusto se quede tal,
porque es la causa del mal
ajena de todo el resto;
y así, toda criatura
enajenada se ve,
y gusta de un no sé qué
que se halla por ventura.

5 Que estando la voluntad
de Divinidad tocada,
no puede quedar pagada
sino con Divinidad;
mas, por ser tal su hermosura,
que sólo se ve por fe,
gústala en un no sé qué
que se halla por ventura.

6 Pues de tal enamorado
decidme si habréis dolor,
pues que no tiene sabor
entre todo lo criado;
sólo, sin forma y figura,
sin hallar arrimo y pie,
gustando allá un no sé qué
que se halla por ventura.

7 No penséis que el interior,
que es de mucha más valía,
halla gozo y alegría
en lo que acá da sabor;
mas sobre toda hermosura,
y lo que es y será y fué,
gusta de ella un no sé qué
que se halla por ventura.

4 Wundert euch darob nicht,
daß es sich mit dem Geschmack so verhält,
denn der Grund des Übels
ist allem übrigen fremd.
Und so sieht sich jedes Geschöpf
sich selbst entfremdet
und verkostet ein ich weiß nicht was,
das mit Glück gefunden wird.

5 Wenn dann der Wille
von der Gottheit berührt wird,
kann ihm nicht entsprochen werden
außer mit der Gottheit;
aber weil ihre Schönheit so groß ist,
daß sie nur im Glauben geschaut wird,
verkostet er sie in einem ich weiß nicht was,
das mit Glück gefunden wird.

6 Nun mit einem solchen Verliebten
sagt mir, ob ihr Mitleid spürtet,
da er keinen Gefallen findet
an all dem Geschaffenen;
allein, form- und gestaltlos,
ohne Beistand und Stütze zu finden,
ein ich weiß nicht was verkostend,
das mit Glück gefunden wird.

7 Denket nicht, das Innere,
das bei weitem wertvoller ist,
finde Freude und Vergnügen
in dem, was hier Genuß verschafft;
vielmehr über jede Schönheit hinaus,
und über das, was ist, sein wird und war,
verkostet es von ihr ein ich weiß nicht was,
das mit Glück gefunden wird.

8 Más emplea su cuidado
quien se quiere aventajar,
en lo que está por ganar,
que en lo que tiene ganado;
y así, para más altura,
yo siempre me inclinaré
sobre todo a un no sé qué
que se halla por ventura.

9 Por lo que por el sentido
puede acá comprehenderse,
y todo lo que entenderse,
aunque sea muy subido,
ni por gracia y hermosura
yo nunca me perderé
sino por un no sé qué
que se halla por ventura.

8 Eher wende sein Bemühen
wer sich hervortun will,
auf das, was zu gewinnen ist,
als auf das, was schon gewonnen;
und so, um höher zu steigen,
werde ich mich immerfort beugen,
vor allem zu einem ich weiß nicht was,
das mit Glück gefunden wird.

9 Um dessentwillen, was mit den Sinnen
sich hier begreifen läßt,
und all dessen, was man verstehen kann,
sei es noch so erhaben,
weder um der Anmut noch der Schönheit willen
werde ich mich je verlieren,
vielmehr für ein ich weiß nicht was,
das mit Glück gefunden wird.

XXI

Del Verbo divino
la Virgen preñada
viene de camino:
¡si le dais posada!

XXI

Von göttlichem Wort
schwanger die Magd,
kommt des Wegs:
Gebt ihr doch Herberge!

XXII

Suma de la perfección

Olvido de lo criado,
memoria del Criador,
atención a lo interior
y estarse amando al Amado.

XXII

Höchste Vollendung

Vergessen des Geschaffenen,
Gedenken des Schöpfers,
Gerichtetsein auf das Innere
und Leben in der Liebe zum Geliebten.